생각대로 살지 않으면
사는 대로 생각하게 된다

생각대로 살지 않으면 시는 대로 생각하게 된다

Il faut vivre comme on pense,
sans quoi l'on finira par penser comme on a vécu

은지성 지음

우리는 모두 세상에 단 하나뿐인 꽃입니다.
한 사람 한 사람 다른 씨앗을 갖고 있지요.
가슴을 꼿꼿이 펴세요. 자신만의 꽃을 피워보세요.
잊지 마세요. 가능하다고 생각하든 불가능하다고
생각하든 당신 자신의 생각이 옳습니다.

모든 존재는 생각의 결과다.

우리는 우리가 생각한 대로 된다.

부처

가능하다고 생각하든 불가능하다고

생각하든 자신의 생각이 옳다.

헨리 포드

자네가 무언가를 간절히 원할 때

온 우주는 자네의 소망이 실현되도록 도와준다네.

파울로 코엘료 《연금술사》 중에서

추천시

흔들리며 피는 꽃

흔들리지 않고 피는 꽃이 어디 있으랴
이 세상 그 어떤 아름다운 꽃들도
다 흔들리면서 피었나니
흔들리면서 줄기를 곧게 세웠나니
흔들리지 않고 가는 사랑이 어디 있으랴

젖지 않고 피는 꽃이 어디 있으랴
이 세상 그 어떤 빛나는 꽃들도
다 젖으며 젖으며 피었나니
바람과 비에 젖으며 꽃잎 따뜻하게 피웠나니
젖지 않고 가는 삶이 어디 있으랴

도종환(시인)

도종환 ········· 1954년 9월 27일 충북 청주 출생. 충북대 국어교육과를 졸업했으며 충남대에서 박사과정을 수료했다. 1995년 〈마늘밭에서〉를 발표하며 등단했다. 사별한 아내에 대한 애정을 담은 《접시꽃 당신》,《당신은 누구십니까》,《부드러운 직선》 등의 시집과 수필집 《그때 그 도마뱀은 무슨 표정을 지었을까》,《모과》,《슬픔의 뿌리》,《해인으로 가는 길》 등을 발표했다.

……

"혹시 나는 갈 곳이 없는 건 아닐까?"
그러면서 벽이 말했다.
"지도만 보면 뭘 해? 남이 만들어놓은 지도에
내가 가고 싶은 곳이 있을 것 같니?"
"그럼 내가 가고 싶은 곳은 어디에 나와 있는데?"
"넌 너만의 지도를 만들어야지."

 저자의 글

자신에게 최적화된
삶의 지도가 필요할 때이다

폴 발레리의 명언이자 내 좌우명에서 시작된 두 번째 이야기가 시작되었다. 돌이켜보면 즐겁고 행복한 순간이었다. 덕분에 고난과 역경을 딛고 자신의 분야에서 이름을 알린 위인들의 이야기에 흠뻑 빠져 지냈다. 앨리슨 래퍼와 오히라 미쓰요의 인생 이야기에서는 진하고 애잔한 모성애가 가슴을 파고와 한없이 먹먹하게 지냈고, 마더 테레사와 법정 스님, 넬슨 만델라의 인생에서는 종교의 숭고함과 거룩한 인간애에 절로 고개를 숙일 수밖에 없었다. 빌 포터, 김기덕, 신호범, 도리스 해덕, 제인 구달의 인생을 접하면서는 좀 더 치열하게 살지 못한 내 자신을 돌아보게 되었다.

이번 2권에서는 인물들의 이야기를 다룰 때 최대한 내 목소리를 내지 않으려고 노력했다. 중간에 끼어들어 그분들의 삶을 재단하고 평가하고 규정짓는다는 것이 왠지 불경스러웠다. 대신 스토리텔링에 더욱 신경썼다. 사실을 크게 벗어나지 않는 범위 내에서 최대한 담담하고 재미있게 쓰려고 했다. 애써 지혜와 교훈을 강조하기보다는 한 사람의 짧은 인생 이야기를 통해 행간 속에서 위인들이 전하려고 하는 바가 잘 전달되게 하려고 했다.

애초부터 이 책은 내 생각을 전달하거나 강조하기 위해 위인들의 삶과 이야기를 끼워 넣어 나를 높이려고 하지 않는 것에서부터 출발했다. 나는 충실한 메신저가 되고 싶었다. 내가 꼭 독자에게 전하고 싶은 말이 있으면 '플러스 메시지'를 통한 것도 이 때문이다. 이런 까닭에 이미 널리 알려진 인물부터 생소한 인물이지만 소개할 가치가 충분하다고 판단된 위인들을 주로 선정했다. 선정 기준은 이 책의 제목처럼 '사는 대로 생각하지 않고 생각대로 산 사람'이다. 그래서 마치 이 책은 자기계발서라기보다는 인생론에 가깝고 위인전을 여러 권 읽는 기분이 들 수도 있다.

고마운 것은 독자들의 성원과 응원이었다. 전작을 읽고 수백 통의 이메일로 감사와 격려를 보내주신 독자들이 없었다면 이 제목의 시리즈는 물론 이 책도 탄생하지 않았을 것이다. 이 자리를 대신해 그분들에게 고개 숙여 감사를 드린다.

요즘도 즐겨 읽는 루이스 캐롤의 《이상한 나라의 앨리스》에는 다음과 같은 대화가 나온다.

"혹시 나는 갈 곳이 없는 건 아닐까?"

그러면서 벽이 말했다.

"지도만 보면 뭘 해? 남이 만들어놓은 지도에 내가 가고 싶은 곳이 있을 것 같니?"

"그럼 내가 가고 싶은 곳은 어디에 나와 있는데?"

"넌 너만의 지도를 만들어야지."

이 대목을 읽을 때마다 가슴이 뜨끔해지곤 한다. 혹시 나는 아직도 남들이 만들어놓은 지도 위에서 가고 싶은 곳을 찾고 있는 것은 아닐까? 진정으로 내가 하고자 하는 일이 무엇인지 모르고 살아가는 것은 아닐까? 그런 생각이 들 때마다 등골이 오싹해진다. 자주 여행을 다니고 캘리포니아의 바다와 사막을 늘 목말라하고 동경하는 것도 그런 이유에서이다. 그곳에서 세상과 차단하고 내 속에서 들려오는 목소리와 이야기를 나누는 것이 지친 삶을 충전하고 또 한없이 행복하기 때문이다.

스마트폰이나 각종 볼거리가 많아 책이 팔리지 않는 시대라고 한다. 하지만 이 글을 보고 계신 분이라면 책 속에서 무언가를 찾기 위해 독서의 오솔길로 오셨을 것이다. 그분들과 함께 이 즐겁고 행복한 여행을 계속하고 싶다.

| 목차 |

저자의 글 자신에게 최적화된 삶의 지도가 필요할 때이다

1부 당신이 선택한 길이 모든 것을 바꾼다

생각대로 ① | 빈자의 성녀 마더 테레사
  네가 갖고 있는 최상의 것을 세상에 주어라 ·················· **19**
  +메시지: 당신이 먼저 작은 촛불을 켜세요

생각대로 ② | 전설적인 뇌성마비 판매왕 빌 포터
  인내하고 또 인내하고 끝까지 인내하라 ·················· **31**
  +메시지: 인내는 희망으로 가는 지름길이다

생각대로 ③ | 세계가 인정한 영화감독 김기덕
  자신의 생각이 틀리지 않다는 것을 믿어라 ·················· **41**
  +메시지: 열등감을 진주목걸이로 만들어라

생각대로 ④ | 노벨평화상 수상자 빌리 브란트
  인정받기를 원한다면 진실한 마음으로 남을 대하라 ········ **51**
  +메시지: 진심이란 마음을 다하는 것이다

2부 새우잠을 자더라도 고래 꿈을 꾸어라

생각대로 ⑤ | 장애를 극복한 천재 과학자 스티븐 호킹
🔭 **나의 가장 큰 업적은 아직 살아 있는 것이다** ············· **63**
+메시지: 남들과 다르게 생각하고 행동하라

생각대로 ⑥ | 메이저리그 최고령 신인 투수 짐 모리스
⚾ **목표를 이루고 싶다면 자신을 의심하지 마라** ············· **73**
+메시지: 기적은 노력의 또 다른 이름이다

생각대로 ⑦ | 아마존 창업자 제프 베조스
🛒 **꿈을 실행하지 않으면 후회할 것이다** ·················· **83**
+메시지: 부자처럼 생각하고 부자처럼 행동하라

생각대로 ⑧ | 아동교육자 마리아 몬테소리
📖 **좋아하는 일을 열심히 하는 것이 휴식을 취하는 것이다** ··· **93**
+메시지: 휴식은 자신을 되돌아볼 수 있는 좋은 기회

3부 우리는 모두 세상에 단 하나뿐인 꽃이다

생각대로 ⑨ | '살아 있는 비너스' 구족화가 앨리슨 래퍼
🎨 **하루하루의 삶이 도전의 연속이다** ···················· **105**
+메시지: 우리는 세상에 단 하나뿐인 꽃이다

생각대로 ⑩ | 남아프리카 최초의 흑인 대통령 넬슨 만델라
용기란 두려움이 없는 게 아니라 두려움을 이기는 것이다… **115**
+메시지: 용서는 용감한 사람의 현명한 선택이다

생각대로 ⑪ | 나이키 창업자 필 나이트
영원한 승자는 없으며 새로운 승부가 있을 뿐이다 ……… **125**
+메시지: 포기는 패배자의 변명일 뿐이다

생각대로 ⑫ | 일본 변호사 오히라 미쓰요
꿈이 있으면 절망에서도 탈출할 수 있다 ………………… **137**
+메시지: 절망이란 어리석은 자들의 결론이다

4부 평범한 것에 자신만의 이름표를 붙여라

생각대로 ⑬ | 무소유를 몸소 실천한 법정 스님
삶은 소유물이 아니라 순간순간의 있음이다 ……………**151**
+메시지: 오늘이 삶의 마지막이라고 생각하라

생각대로 ⑭ | 미국 대중음악의 창시자 어빙 벌린
재능과 성공은 하나의 출발점일 뿐이다 ……………………**161**
+메시지: 내 안에 숨겨진 진짜 나를 찾아라

생각대로 ⑮ | 일본의 전설적인 기업인 마쓰시타 고노스케
청춘이란 마음의 젊음이다 ……………………………… **171**
+메시지: 젊음은 나이가 아니라 청춘이 만드는 것

생각대로 ⑯ | 한국인 최초의 미국 상원의원 신호범
🎤 인생의 참맛은 폭풍 속에서 춤추는 것이다 ················ **179**
+메시지: 작은 성공이 모여 큰 성공을 만든다

5부 용기와 신념을 갖고 자신을 믿어라

생각대로 ⑰ | 강철왕에서 기부왕이 된 앤드류 카네기
🐷 노력이 기회를 만나면 행운이 찾아온다 ···················· **193**
+메시지: 정직은 부자로 만들어주는 정기적금이다

생각대로 ⑱ | 미국에서 가장 웃긴 의사 켄 정
🎬 인생은 우리가 생각하는 것보다 짧다 ························ **203**
+메시지: 웃음은 어떤 핵무기보다 강하다

생각대로 ⑲ | 도보로 미국을 횡단한 정치활동가 도리스 해덕
🚶 나이를 탓하며 주저앉기엔 남은 인생의 기회가 너무 많다··· **213**
+메시지: 무언가를 이루기 위해 늦은 나이란 없다

생각대로 ⑳ | 세계적인 동물학자 제인 구달
🎓 간절히 원하는 것이 있다면 포기하지 말고 도전하라······ **221**
+메시지: 포기하지 않으면 인생은 당신 편이다

Chapter 1

당신이
선택한 길이
모든 것을 바꾼다

……

생각을 조심하세요. 언젠가 말이 되니까.
행동을 조심하세요. 언젠가 습관이 되니까.
습관을 조심하세요. 언젠가 성격이 되니까.
성격을 조심하세요. 언젠가 운명이 되니까.

생각대로 ① | 빈자의 성녀 마더 테레사

네가 갖고 있는
최상의 것을 세상에 주어라

"저는 당신이 할 수 없는 일을 할 수 있고 당신은 제가 할 수 없는 일을 할 수 있습니다. 그러므로 우리가 서로 힘을 합친다면 훌륭한 일들을 해낼 수 있을 것입니다."

인도의 병자와 극빈자들을 위해 온 생애를 바친 마더 테레사 수녀. 그녀가 1979년 노벨평화상 수상자로 선정되어 12월 9일 노르웨이 오슬로 공항에 도착했을 때의 일이다. 각국에서 몰려온 수많은 취재진이 플래시를 터트리며 이 역사적인 광경을 카메라에 담았다. 한 기자가 물었다.

"수녀님, 노벨평화상을 받는 소감이 어떠세요?"

테레사 수녀가 대답했다.

"무척 기쁩니다. 세상 사람들이 가난한 사람들의 존재를 알고 그들의 고통에 귀 기울이게 되었기 때문입니다. 전 세계의 가난한 이들을 대신해서 감사히 받으려 합니다."

다른 기자가 물었다.

"앞으로의 계획을 말씀해주세요."

"가난한 사람과 고통받는 사람이 있는 곳이라면 어디든지 달려갈 겁니다. 그곳이 설령 달나라라고 해도 말이죠."

여기저기서 웃음이 터져 나왔다.

"상금이 무려 20만 달러가 넘습니다. 어디에 쓰실 생각이십니까?"

"아직 받지 못해서⋯ 하지만 마음속으로는 이미 집 없는 사람들에게 집을 지어 주었답니다."

이렇듯 테레사 수녀는 영광의 순간에도 늘 집 없고 가난한 사람들만을 생각했다. 자신을 '하나님의 몽당연필'이라고 불렀던 테레사 수녀는 1910년 8월 27일, 3남매 중 막내로 태어났다.

"우리 아그네스를 잘 부탁하오."

부유한 사업가였던 아버지는 정치운동에 휘말려 그녀가 태어난 해에 사망했다. 일각에서는 정적에 의한 암살이라는 설도 있었을 만큼 의문의 죽음이었다. 그녀의 본명은 아그네스 곤자 보야지우로. 당시 그 지역의 종교는 그리스 정교나 이슬람교가 대부분이었는데, 그녀의 집안은 가톨릭을 믿고 있었다. 덕분에 그녀는 어릴 적부터 성당에서 신앙심을 키워나갔다.

'나는 키가 150센티미터밖에 되지 않고 몸도 허약해. 하지만 내가 할 수 있는 일이 어딘가에 반드시 있을 거야.'

그녀는 무럭무럭 자라 열여덟 살의 꽃다운 나이가 되었다. 또래 아이들보다 감수성이 예민했으며 글 쓰는 것을 좋아했던 그녀는 어느 날 어머니에게 폭탄선언을 했다.

"어머니, 전 수녀가 될 거예요."

철부지 귀염둥이로만 생각했던 막내딸의 선언에 온 집안이 발칵 뒤집혔다. 특히 오빠들의 반발이 거셌다.

"아그네스, 수녀는 아무나 하는 게 아니야. 너처럼 작고 허약한 몸으로는 수녀원 생활조차 견딜 수 없을 거야. 난 네가 학교 선생님이나 훌륭한 어머니가 되었으면 좋겠구나."

하지만 그녀의 고집을 꺾을 사람은 아무도 없었다. 그렇게 그녀는 고향을 떠나 아일랜드에 있는 로레타 수녀회에 들어갔다. 당시 이곳은 영국의 식민지로 많은 수녀를 교육시켜 역시 영국의 식민지인 인도로 파견했다. 3년간 이곳에서 기초교육과 영어를 배운 그녀는 1931년 인도의 다르질링으로 발령받았다. 이때 그녀는 본명인 아그네스 외에 테레사라는 세례명을 받았다.

"여기가 바로 영국입니다. 지도에서 보는 것처럼 섬나라입니다. 이웃나라로는 프랑스, 벨기에, 네덜란드가 있는데…."

테레사 수녀는 인도에 있는 성마리아 수녀원의 부속학교에서 아이들에게 지리학을 가르쳤다. 아이들은 인도에 파견된 영국계 백인의 자식이었다. 생활에 부족함이 없는 아이들은 좋은 옷과 좋은 음식을 먹으며 수녀들에게 수준 높은 교육을 받았다.

'아이들과 함께 있는 이 시간이 너무 행복하구나. 하지만 이 허전함은 무엇일까?'

그렇게 세월이 흘러 어느덧 16년이 흘렀고 테레사 수녀는 교장으로 승진했다. 이렇게 평생 아이들만을 가르치며 평온하게 살 줄 알았던 그녀의 삶이 180도로 바뀐 것은 1946년의 어느 날이었다. 피정을 하기 위해 다른 지역으로 이동하던 테레사는 기차 안에서 깜빡 잠이 들었다.

"테레사, 너는 지금 무얼 하고 있느냐? 수녀원에서 아이들을 가르치며 평생을 평온하게 사는 것이 너의 꿈이었느냐? 보아라. 너는 저기 고통받고 굶주린 가난한 인도의 사람들이 보이지 않느냐? 그들의 피눈물이 진정 보이지 않느냐?"

깜짝 놀라 깨어보니 꿈이었다. 창밖으로 눈을 돌리자 황량한 인도의 황무지가 펼쳐졌다.

'그래, 내가 인도에 온 것은 다른 이유가 있기 때문일 거야.'

그때서야 헐벗고 가난한 인도 사람들의 모습이 눈에 들어오기 시작했다. 테레사는 피정을 마치고 수녀원장에게 자신의 뜻을 전했다.

"원장님, 저는 거리로 나가야 합니다."

"그건 안 됩니다. 수녀님은 이미 로레타 수녀회에서 평생을 다하기로 서원했습니다. 그리고 수녀원 밖으로 나가는 것은 너무 위험합니다. 복잡한 정치적인 문제와 종교적인 문제 때문에 수녀님의 신변조차 보호받을 수 없을 겁니다."

수녀원장은 테레사의 요구를 단박에 거절했다. 얼마 뒤 대주교가 집무실로 테레사 수녀를 불렀다.

"수녀님, 왜 굳이 수녀원을 떠나 빈민가에서 일하려고 하십니까?"

"저는 그동안 아이들을 가르치면서 큰 행복과 보람을 느꼈습니다. 이제 저는 세상에서 가장 가난한 사람을 돌보라는 명을 받았습니다. 그 말에 순명하기 위해 저는 꼭 거리로 나가야 합니다. 부디 허락해 주십시오, 대주교님."

대주교는 한참을 창밖을 바라보다 입을 열었다.

"죄송합니다, 수녀님. 저로서는 어쩔 수 없는 일입니다."

테레사 수녀는 좌절하지 않고 청원을 계속했다. 마침내 당시 교황이던 비오 12세로부터 외부 거주를 허가받은 그녀는 인도의 거리로 나섰다.

"수녀님, 부디 조심하세요. 수녀님을 보호해줄 단체나 기관은 아무 곳도 없습니다."

수녀원장의 말대로 그녀의 곁에는 아무도 없었다. 더구나 당시는 영국으로부터 갓 독립한 인도에 종교와 정치적인 문제가 맞물려 전쟁과 투쟁이 벌어지고 있었다. 약탈과 방화, 암살이 수시로 이루어지는 혼란의 시기였다. 사회는 불안정했고 난민들이 넘쳐흘렀다. 힘없는 여자와 아이들은 굶주림과 병마 속에서 죽어갔다.

'어디에서부터 어떻게 시작해야 하지?'

테레사 수녀는 막막하기만 했다. 갓 독립한 인도 사람들에게 영국계 수녀회 출신의 수녀가 반가울 리 없었다. 더구나 인도는 힌두교를 믿는 사람이 대부분이어서 그녀를 거들떠보지도 않았다. 때론 생명의 위협까지 느껴야 했을 정도로 상황이 좋지 않았다. 하지만 테레사 수녀는 가난하고 병든 사람들을 어떻게 해서든지 도와야 한다는 마음뿐이었다.

'그래, 그들을 도우려면 먼저 그들 속으로 들어가야 해.'

테레사 수녀는 우선 검은 수녀복을 벗어던졌다. 그리고 인도의 전통의상인 흰색 사리를 입었다. 흰색 사리는 가난하고 미천한 인도 여인이 입는 옷이었다. 훗날 이 옷차림은 테레사 수녀의 상징이 되었다. 그리고 인도 국적을 취득해 인도인이 되었다.

테레사 수녀는 갈 곳 없고 병든 환자들을 수용할 수 있는 건물을 얻었다. 그리고 봉사활동에 나섰다. 미혼모와 고아들을 위한 집이 만들어지고 나병환자들이 거처할 공간이 생겼다. 처음에는 반신반의하던 인도인들도 테레사 수녀의 정성에 감동해서 하나둘씩 모여들기 시작했다.

"수녀님, 저희도 돕겠습니다."

그녀에게 수업을 들었던 학생이 모여들었다. 그리고 1950년 '사랑의 선교 수녀회'가 결성되고 후원단체도 생겼다. 사람들은 그때부터 그녀를 '어머니'라는 단어를 추가해 '마더 테레사'라고 불렀다. 너저분한 흰색 사리 하나만 걸치고 스스럼없이 나병환자들을 치료하고 간호하는 모습을 보고 '살아 있는 성녀'라고도 했다. 가톨릭 단체와 교황도 그녀의 활동을 지지했으며 세계 각국에서 성금이 모여들기 시작했다.

테레사 수녀는 가난한 사람을 위해 일하는 데 얼마의 돈이 필요할 거라는 생각은 애초부터 없었다. 가난한 사람을 섬기면 필요한 만큼 신께서 보내주실 것이라고 믿었을 뿐이다. 그래서 선량한 기부자의 돈과 그렇지 않은 사람의 돈을 가리지 않았다. 하루는 한 수녀가 그녀에게 따지듯이 말했다.

"수녀님, 이건 마피아가 보내온 돈입니다. 이런 돈은 절대 받아서는 안 됩니다."

"왜죠? 마피아의 돈이라고 해서 더럽고 부정하다는 것인가요? 수녀님, 어떤 돈이든 좋은 일에 사용하면 돈은 큰 의미가 없습니다. 우리의 마음이 기도로 정화되듯 돈도 좋은 일을 하면서 정화되기 마련입니다."

테레사 수녀는 전쟁을 없애자는 모임 같은 데는 절대 참석하지 않았다. 오로지 평화를 위한 모임에만 참석했다. 전쟁을 없애기 위해 전쟁의 위험성과 폭력성을 강조하기보다는 평화의 중요성을 널리 알리고 평화가 인간에게 주는 행복을 강조하고 싶었기 때문이다.

테레사 수녀가 캘커타에 기거하며 일할 때 책상 위에는 오직 전화기 한 대만 있었다. 그녀 스스로 청빈과 복종을 온몸으로 보여준 것이다. 그리고 벽에 〈그래도〉라는 시를 걸어두고 매일 큰소리로 암송하곤 했다.

사람들은 때로 변덕스럽고 자기중심적이다.
그래도 사랑하라.

네가 친절하면 이기적이고 숨은 의도가 있다고 비난할 것이다.
그래도 친절을 베풀어라.
네가 정직하고 솔직하면 사람들은 너를 속일지도 모른다.
그래도 정직하고 솔직하라.
네가 오랫동안 이룩한 것을 누군가 하룻밤새 무너뜨릴 수 있다.
그래도 무언가 이룩하라.
네가 평화와 행복을 누리면 그들은 질투할지 모른다.
그래도 행복하라.
네가 오늘 행한 선을 사람들은 내일 잊어버릴 것이다.
그래도 선을 행하라.
정직하고 솔직하면 불이익을 당하거나
불리한 위치에 놓일 수도 있다.
그래도 정직하고 솔직하라.
대의를 품은 이가 졸장부에 의해 넘어질 수도 있다.
그래도 생각을 크게 하라.
세상 사람들은 약자 편을 들면서도 강자만을 따른다.
그래도 소수의 약자들을 위해 투쟁하라.
오랫동안 공들여 쌓은 탑이 무너질 수도 있다.
그래도 탑을 계속 쌓아올려라.
필요한 사람에게 도움을 주고도 공격을 받을 수 있다.
그래도 도움을 주라.
네가 갖고 있는 최상의 것을 세상에 내줘도 부족할지 모른다.

그래도 네가 갖고 있는 최상의 것을 세상에 주어라.

가난하고 병들고 고통받는 이들을 위해 한평생을 바쳐 '살아 있는 성녀'로 불리는 테레사 수녀. 그녀는 1997년 9월 5일 87세의 나이로 선종했다. 1950년 그녀가 세운 '사랑의 선교회'는 현재 전 세계에서 600개 이상의 고아원과 무료 급식소 등을 운영하고 있다. 테레사 수녀는 이런 말도 남겼다.
"생각을 조심하세요. 언젠가 말이 되니까. 행동을 조심하세요. 언젠가 습관이 되니까. 습관을 조심하세요. 언젠가 성격이 되니까. 성격을 조심하세요. 언젠가 운명이 되니까."

당신이 먼저 작은 촛불을 켜세요

테레사 수녀가 어느 날 멜버른 시내 뒷골목에서 한 노인의 집을 발견했다. 방에 들어서자 창문은 굳게 닫혀 있었고 안은 쓰레기더미로 가득 했다. 그때 테레사 수녀의 눈에 먼지를 잔뜩 뒤집어쓴 램프가 들어왔다. 테레사 수녀가 물었다.

"왜 이 램프를 켜지 않으세요?

"아무도 찾아오지 않는데 누구를 위해 램프를 켭니까?"

세상과 가족에게 버림받은 노인의 말에 힘이 빠졌다. 테레사 수녀가 미소를 지으며 물었다.

"그럼 앞으로 제가 찾아오면 램프를 켜시겠습니까?"

그러자 노인이 미소를 지으며 말했다.

"사람의 목소리를 들을 수 있다면 기꺼이 켜두겠습니다."

　세상이 너무 어둡고 불공평하다고 불평하는 사람이 있다. 마음의 문을 꼭꼭 닫고 세상 밖으로 나오지 않으려고 하는 사람이 있다. 굶주림보다는 사랑주림에 더 신음하는 사람들. 이런 사람들에게 마더 테레사는 "세상이 어둡다고 저주하지 말고 당신이 먼저 작은 촛불을 켜라"고 말한다. 그리고 또 말한다.

　"살아가면서 장애물에 직면하게 되면 그것은 신이 내려주신 선물이라고 생각하십시오. 그리고 그 안에 무엇이 들어 있는지 기쁜 마음으로 풀어보세요."

……

중대한 결정만이 삶을 변화시키는 것은 아닙니다.
사실 우리 삶을 변화시키는 것은 우리가 내리는
사소한 결정입니다. 한 번 더 웃어주고 손을 흔들어주고
아픈 친구에게 전화해주는 등 작은 행동이 삶에 큰 변화를
가져다줍니다. 저와 마찬가지로 당신에게도
다른 사람에게 좋은 영향을 줄 수 있는 기회가
주어졌습니다. 그것은 바로 최선을 다해 자신에게
주어진 삶을 살아가는 것입니다.

 생각대로 ② | **전설적인 뇌성마비 판매왕 빌 포터**

인내하고 또 인내하고
끝까지 인내하라

"내… 내 이름은… 빌… 빌 포터…입니다."

빌 포터는 선천성뇌성마비 환자였다. 육체석 능력은 물론 징신적 능력까지 또래 아이에 비해 현저히 떨어졌다. 혼자서 신발끈을 묶지 못할 정도로 오른손을 거의 사용하지 못했고, 남들과 의사소통하는 것도 힘들었다.

"빌을 특수시설을 갖춘 학교로 보내야 합니다."

하지만 빌의 어머니는 이를 거절했다. 보통학교에 다닌 빌은 아이들에게 수시로 놀림을 받았다. 아이들은 빌의 비틀거리는 걸음걸이와 더듬거리는 말투를 따라 하며 그를 놀렸다.

"빌, 너는 결코 다르지 않단다."

어머니는 빌의 곁에서 늘 응원하고 격려했다. 빌 포터는 부모님의 눈물겨운 정성과 관심으로 무사히 고등학교를 졸업했다.

"난 네가 대학보다는 사회에 나가서 일을 했으면 좋겠구나. 돈을 많이 벌어 멋진 여자를 만나 결혼도 했으면 좋겠다."

이날부터 빌은 취업지원국의 도움을 받아 일자리를 찾아 나섰다. 첫 번째로 얻은 직장은 한 회사의 재고관리 직원이었다. 하지만 채용된 지 하루만에 해고되었다. 두 번째, 세 번째 직장 또한 사흘을 넘기지 못했다. 어눌한 말투와 부자연스러운 손놀림 때문에 빌에게 일을 맡기는 사람이 없었다. 그렇게 몇 차례의 취직에 실패하자 취업지원국은 빌에게 '취업불가' 통보를 보냈다.

'어머니를 위해서라도 꼭 취직을 해야 돼.'

빌은 스스로 직장을 찾으러 다녔다. 신문이나 전단지에서 사람을 구한다는 모집공고를 보면 서류를 들고 면접장으로 향했다. 하지만 어느 회사도 그를 반기지 않았다.

'나를 필요로 하는 곳이 어딘가에 있을 거야.'

어느 날 우연히 영업사원을 모집하는 생활용품 왓킨스 사에 면접을 보러 갔다. 자신의 집에서도 쓰고 있는 물건을 파는 회사라 친근감이 들었다. 왠지 그곳은 자신을 필요로 할 것 같은 예감이 들었다. 하지만 빌의 모습을 본 면접관은 어김없이 그에게 불합격을 통보했다. 빌은 크게 낙심하지 않았다.

'생활용품을 파는 것이라면 나도 자신있어. 내가 써본 것도 많고 설

명도 잘할 수 있어.'

다음날 그는 다시 왓킨스 사에 찾아갔다.

"당신, 또 왔군요."

"저… 저도 생활용품을 팔… 팔 수 있습니다."

"유감입니다. 다른 직장을 알아보세요."

빌은 다음날도 다시 왓킨스 사에 찾아갔다.

"정말 끈질기네요. 몇 번을 말씀드렸지만 저희 회사는 당신을 채용할 수 없습니다!"

면접관의 짜증스러운 목소리가 들렸다. 빌은 더는 물러설 수 없다고 생각했다. 급히 떠나려는 면접관을 붙잡고 빌 포터가 비장한 목소리로 말했다.

"급여는 필요 없습니다. 대신 저를 가장 실적이 좋지 않은 지역으로 보내주십시오. 남들이 가기 싫어하는 곳 말입니다."

빌의 제안에 면접관은 웃으며 말했다.

"좋소. 우리야 뭐 손해볼 건 없소. 어차피 방문판매라는 것이 팔리는 만큼 이익을 가져가는 것이니깐. 그리고 당신이 이렇게 매일 저를 찾아올 정도의 열정과 인내를 가지고 있으니 한 번 해보시오."

"감… 감사합니다. 열심히 하겠습니다."

그날부터 빌 포터는 왓킨스 사의 영업사원이 되어 방문판매를 시작했다. 양복을 곱게 차려 입은 빌 포터는 포트랜드 북서부의 가파른 언덕길을 오르며 집집마다 벨을 누르기 시작했다.

"누구세요?"

"와… 왓킨슨 사의 빌… 빌 포터라고 합니다."

문틈으로 방문객을 살펴보던 주인은 빌 포터의 일그러진 얼굴과 부자연스러운 몸짓을 보더니 문을 닫고 집안으로 들어갔다. 이뿐만이 아니었다. 겁에 질린 아이들은 울음을 터뜨렸고 성난 개들이 달려들어 자칫 위험할 뻔한 순간도 많았다.

"앗, 괴물이다!"

빌은 포기하지 않고 집집마다 초인종을 눌렀다. 하지만 사람들은 좀처럼 문을 열어주지 않았다. 어떤 반응에도 빌은 결코 실망하거나 포기하지 않고 끊임없이 문을 두드렸다.

'다음 집은 분명히 문을 열어줄 거야. 그리고 내가 들고 온 생활용품에 대해 관심을 갖고 구입해주겠지. 그 순간을 위해 참고 또 참자.'

빌은 속으로 자신에게 주문을 걸었다. 그렇게 냉대와 멸시를 받으며 빌은 하루도 쉬지 않고 자신이 맡은 구역의 문을 두드렸다.

'사람들이 내 물건을 사지 않는 것은 새롭지 않기 때문이야.'

빌은 그렇게 생각했다. 그래서 새로운 제품이 나올 때마다 몇 번이고 또 다시 방문했다.

"도대체 몇 번을 더 말해야 하죠? 다시는 오지 마세요."

"필요없어요. 안 사요!"

그러던 어느 날 한 부인의 도움으로 상품 몇 개를 주문받게 되었다. 수많은 시행착오를 거친 빌 포터가 한 가지 꾀를 낸 것이다.

"저, 물 한 잔 얻어 마실 수 있을까요?"

벌써 열 번이나 넘게 방문한 집이 있었다. 혼자 사는 그 집의 부인은 빌 포터의 방문을 받을 때마다 이렇게 말하곤 했다.

"다음에 살게요. 아직은 쓸만해요."

빌 포터는 그 부인의 눈빛에서 다른 사람들과는 다른 무언가를 느꼈다. 그건 동정이 아니라 놀라움이었다. 자기 같은 지체장애자가 하루도 빠짐없이 찾아오는 것에 대한 놀라움과 경이로움이었다.

"근데, 포터?"

"제 이름을 기억하시는군요."

"당연하죠. 당신이 벨을 누르고 가장 먼저 하는 말이니깐요."

부인은 웃으면서 말했다.

"당신은 성실한 사람인 것 같아요. 매번 거절당하면서 이렇게 찾아오니 말이죠. 이유가 뭔가요? 매번 거절당하면서 절 찾아오는 이유, 그리고 늘 얼굴에 웃음을 띠는 이유 말이죠."

빌 포터가 웃으면서 대답했다.

"전 늘 긍정적으로 생각했어요. 이 긍정적인 생각이 습관이 되어버렸지요. 가령 일기예보에 다음날 30도가 넘을 거라고 나오면 '그 정도면 선선하지'라고 생각했습니다. 눈이 많이 내려 길바닥이 빙판길이 되면 신이 났습니다. 날씨가 안 좋은 날이야말로 사람들이 집에 있기 때문이죠."

빌 포터의 말을 들은 부인이 눈가에 눈물을 머금고 물었다.

"빌, 제가 무엇을 도와주면 돼죠?"

빌 포터가 대답했다.

"여기 카탈로그를 봐주세요. 그리고 필요하신 게 있으면 주문해주세요. 단 동정은 주문 목록에서 제외하고요."

부인은 얼굴에 환한 미소를 지으며 빌이 내민 카탈로그를 받고 필요한 용품에 동그라미를 그렸다. 빌이 처음으로 제품 주문을 받는 순간이었다. 빌은 뛸 듯이 기뻐하며 이 사실을 어머니에게 말했다.

"수고했다, 빌. 지금처럼 인내하고 또 인내하거라."

그날부터 빌이 문을 두드리면 사람들이 문을 열어주었다. 하루도 빠짐없이 문을 두드리는 빌의 성실함과 진실함에 구역 사람들도 마음의 문을 연 것이다.

'내 생각이 옳았어.'

이제 사람들은 빌을 가족처럼 여겼다. 빌과 농담처럼 흥정하는 사람도 생기고 아이들은 그가 초인종을 누르면 달려가 가방부터 뒤지기 시작했다.

"아저씨, 오늘은 어떤 신제품을 가지고 오셨나요?"

마침내 빌 포터는 왓킨스의 서부지역 판매왕이 되었다. 그리고 24년 후 그는 왓킨스 사 역사상 가장 많은 판매고를 올린 인물이 되었고 이 기록은 아직까지 깨지지 않고 있다. 그를 보고 울었던 아이들은 어느새 어른이 되어 빌 아저씨의 단골손님이 되었다.

"제 집에 있는 생활용품은 전부 빌 아저씨에게서 산 거예요."

어느덧 세상이 바뀌어 인터넷과 TV로 쇼핑하는 게 유행이 되었다. 게다가 빌은 자동차 사고로 걸을 수도 없게 되었다. 하지만 그는 멈추지 않았다. 홈페이지를 만들어 달라진 세상을 열심히 걸었다. 그의 나이도 어느덧 여든이 넘었다.

사용할 수 없는 오른손을 뒤로 감추고 왼손에 무거운 가방을 들고 매일 15킬로미터를 걸었던 전설적인 영업왕 빌 포터. 그의 감동적인 이야기는 2002년 〈도어 투 도어〉라는 영화로 만들어졌다. 일본에서는 2009년 〈도어 투 도어: 나는 뇌성마비 탑 세일즈맨〉이라는 드라마로 만들어지기도 했다. 수많은 사람에게 감동을 준 그가 말한다.

"중대한 결정만이 삶을 변화시키는 것은 아닙니다. 사실 우리 삶을 변화시키는 것은 우리가 내리는 사소한 결정입니다. 한 번 더 웃어주고 손을 흔들어주고 아픈 친구에게 전화해주는 등 작은 행동이 삶에 큰 변화를 가져다줍니다. 저와 마찬가지로 당신에게도 다른 사람들에게 좋은 영향을 줄 수 있는 기회가 주어졌습니다. 그것은 바로 최선을 다해 자신에게 주어진 삶을 살아가는 것입니다. 사람들은 제가 수천 명의 삶에 영향을 주었다고 말하지만 그분들이야말로 제게 큰 도움을 주셨습니다. 그 모든 분에게 감사드립니다. 자신이 과연 삶을 변화시킬 수 있을지 망설이는 분들에게 저는 이렇게 말씀드리고 싶습니다. 그럼요, 당연히 당신도 할 수 있습니다."

 인내는 희망으로 가는 지름길이다

"성공한 사람과 실패한 사람 사이의 궁극적인 차이는 인내다."

영국의 사회비평가 존 러스킨^{John Ruskin}의 말이다. 세상만사가 자신의 마음대로 풀리지 않을 때는 좌절하거나 포기하기 마련이다. 하지만 이대로 주저앉으면 안 된다. 인생은 꿈을 가진 자가 성공하는 것이 아니라 포기하지 않는 자가 성공한다.

전북 완주에 사는 차사순 할머니는 어려운 가정환경 때문에 초등학교를 졸업한 뒤 결혼해서 남편과 농삿일을 하며 살았다. 할머니에게는 가슴 속 깊이 간직한 꿈이 하나 있었다.

'언젠가는 내가 직접 운전을 해서 귀여운 손자들을 데리고 동물원에 가고 싶다.'

할머니는 첫 운전면허 필기시험에 25점이라는 형편없는 점수를 받았지만 꿈을 버리지 않았다. 그 후로 주말과 국경일을 제외하고 거의 매일 운전면허시험장을 찾아 시험을 치렀지만 2종 보통면허 합격선인 60점을 넘지 못했다. 그렇게 몇 년이 흘렀고 필기시험에 949번째 떨어진 후 950번째 시험에 합격했다. 그리고 드디어 실기시험을 포함해 960번의 도전 끝에 면허증을 손에 넣었다. 할머니의 이 같은 도전정신은 국내뿐만 아니라 해외언론에도 소개되었다.

저명한 물리학자 마리 큐리는 "우리는 인내를 가져야 하고 무엇보다도 스스로에 대한 확신을 가져야 한다. 우리는 무엇인가에 재능이 있고 일이 이루어질 것이라고 믿어야 한다"고 했다.

......

전 한순간도
저를 믿지 않은 적이 없었습니다.
자기 자신의 생각이 틀리지 않다는
것을 믿으세요. 과거로 돌아가지 말고
미래를 기다리지 말고 현재를 놓치지 마세요.

 생각대로 ③ | **세계가 인정한 영화감독 김기덕**

자신의 생각이 틀리지 않다는 것을 믿어라

프랑스 남부의 어느 해안가에서 한 사내가 그림을 그리고 있었다. 그의 앞에는 여행을 온 듯한 노부부가 손을 맞잡고 앉아 있었다. 잠시 시간이 지나고 파스텔로 예쁘게 그려진 초상화가 노부부의 손에 전해졌다.

"오호, 훌륭합니다. 이게 정말 나란 말이오?"

노부부의 칭찬에 사내는 머쓱해하며 양쪽 어깨를 들어 올렸다.

"20프랑입니다."

사내는 손가락 두 개를 들어 보였다.

"여기 있소. 이 부근에서 당신이 초상화를 제일 잘 그린다고 하던 데 소문이 틀리지 않았소. 이번 여행에서 잊지 못할 추억이 될 것이 오. 좋은 그림 감사하오."

사내는 일어서서 모자를 벗고 가볍게 인사했다. 그리고 그림도구와 이젤을 챙겨 숙소로 향했다. 문을 열고 침대에 누우니 고단함이 밀려왔다.

'한국을 떠난 지도 벌써 2년이 흘렀구나. 언제까지 이렇게 사람들의 초상화를 그려주며 생활해야 할까? 이곳에서 평생 그림만 그리며 살아야 할까? 정녕 내게 미래란 없는 걸까?'

사내는 천장을 바라보며 옛생각에 잠겼다.

1960년 경상북도 봉화에서 태어난 사내는 찢어지게 가난한 집에서 제대로 먹지도 못하고 자랐다. 학교도 초등학교 졸업이 전부였다. 농업학교를 졸업하긴 했지만 공식 학력으로 인정받지 못하는 곳이었다. 하지만 손재주가 남달랐던 사내는 방과 후 이것저것 발명에 매달렸다. 학교를 다니면서 구로공단과 청계천 등지에서 일하며 여러 가지 기술도 배웠다. 그의 나이 열다섯 무렵이었다. 초등학교 졸업장이 전부인 그가 할 수 있는 일은 공장에서 부품을 만들고 조립하는 것뿐이었다. 이런 환경은 그에게 열등감을 갖게 만들었다.

'더는 여기에서 이렇게 시간을 보내고 있으면 안 돼. 열등감은 내 스스로 극복해야 돼.'

사내는 그 길로 해병대에 자원입대했고 혹독한 훈련과 환경을 견디며 자신을 단련해나갔다. 그리고 제대와 동시에 프랑스로 건너가 거리의 화가를 꿈꿨다. 군 복무 중에 틈틈이 그렸던 그의 그림 솜씨는 이미 정평이 나 있었다. 한 달 생활비만 가지고 떠난 프랑스에서 그가 제일 먼저 한 일은 숙소의 여주인에게 자물쇠를 채워달라고 부탁하는 일이었다.

"마담, 밖에서 문을 잠가주세요. 저는 거리의 화가가 되고 싶어 한국에서 온 사람입니다. 제가 문밖으로 한 발짝도 나가지 않고 그림에 몰두할 수 있도록 자물쇠로 꼭꼭 잠가주세요."

그는 그날부터 스케치북을 펴고 앉아 사람들의 초상화를 그리기 시작했다. 동양인과 다른 외모를 가진 서양인을 그리기 위해 잡지와 직접 찍은 사진을 옆에다 두고 그렸다. 그렇게 한 달이 지나서야 서양인의 얼굴을 원하는 대로 그릴 수 있게 되었다.

'됐어. 이 정도면 욕 먹지 않고 돈을 받을 수 있을 거야.'

사내는 그때부터 관광객을 상대로 초상화를 그려주며 돈을 벌기 시작했다. 거리에는 수많은 화가가 있었지만 그의 그림 솜씨는 점점 사람들의 입소문을 타기 시작했다.

"모자를 깊게 눌러쓴 아시아 청년이 이 지역에서 가장 초상화를 잘 그린다오."

이렇게 해서 2년 동안 그가 그린 초상화는 1만 점이 넘었다. 만 명이 넘는 사람이 그의 앞에서 온갖 포즈를 잡은 것이다. 하지만 이제 거리의 화가 생활도 점점 지치기 시작했다.

'이제 무얼 하지? 다시 한국으로 돌아가야 하나? 한국으로 가서 내가 할 수 있는 일이 무엇일까? 초등학교밖에 나오지 않은 나를 누가 반겨줄까?'

앞으로의 진로에 대해 고민하는 날이 차츰 많아지던 어느 날이었다. 함께 그림을 그리던 동료 한 명이 그에게 말했다.

"자넨 무슨 고민을 그렇게 많이 하나. 자자, 기분전환도 할 겸 극장에나 가세. 이번에 〈퐁네프의 연인들〉이라는 영화를 개봉하는데 주인공이 우리처럼 거리의 화가라네."

동료의 손에 이끌려 극장에 간 사내는 큰 충격을 받았다. 한때 화가였으나 점점 시력을 잃어가는 미쉘과 곡예사인 알렉스가 파리 세느 강의 아홉 번째 다리인 퐁네프에서 처음 만나 사랑을 나누는 〈퐁네프의 연인들〉은 그가 태어나서 처음으로 본 영화였다. 그의 나이 서른둘이었다. 그때 그는 고정된 그림이 아닌 살아 움직이는 새로운 형태의 그림을 봤다.

"바로 저거야. 앞으로 나는 영화를 해야겠어!"

사내는 다음날 짐을 꾸려 한국으로 향했다.

영화에 빠져 귀국은 했지만 어디서부터 어떻게 영화를 시작해야 할지 몰랐다. 대학에 진학해 공부를 할 수 있는 형편도 아니었다. 그는 닥치는 대로 영화를 보고 시나리오를 쓰고 또 쓰기 시작했다. 미술적인 재능이 뛰어나 그 감성을 고스란히 작품에 녹여내며 다른 사람들과는 전혀 다른 영화 세계를 구축해나갔다. 그렇게 미친듯이 시나리오를 썼고, 1995년 〈무단횡단〉이 영화진흥위원회 공모에 당선되었다.

'내가 재주가 없는 것은 아니구나. 계속 영화를 해도 되겠구나.'

이듬해에는 첫 연출작 〈악어〉을 선보이며 감독으로서 첫발을 내딛었다. 처음 영화를 접한 지 불과 4년 만의 일이었다. 이 영화를 찍으면서 그는 제작자에게 스태프들이 보는 앞에서 몰매를 맞기도 했다. 영화를 그만둘까도 생각해봤지만 그런 자존심 따위는 사치에 불과했다. 그는 한 번 목표를 정하면 끝까지 해내고야 마는 사람이었다.

'서른 중반에 내가 평생을 바쳐 하고 싶은 일을 찾았어. 여기에서 포기하면 안 돼. 어떻게서든지 이 영화는 내 손으로 끝내야 해.'

영화는 흥행에는 성공하지 못했지만 영화 마니아와 평론가에게 좋은 평가를 받았다. 특히나 충격적인 소재와 이미지는 신선하고 파격적이었다. 그때부터 그는 '충무로의 괴물'로 불리기 시작했다.

그의 이름은 김기덕. 김기덕 감독의 영화는 독특한 스타일과 연출로 마니아를 불러모았다. 그리고 그의 이름은 혁신과 도전의 대명사가 되었다.

김기덕 감독의 세 번째 연출작인 〈파란대문〉은 베를린국제영화제에서 월드시네마상을 받았고, 네 번째 영화 〈섬〉은 베니스영화제 경쟁부문에 진출하는 성과를 이루었다. 이 영화는 미국선댄스영화제에서 월드시네마상을 받았는데, 여배우가 낚싯바늘을 입과 성기에 찌르는 엽기적인 장면 때문에 영화 상영 도중 관객들이 쇼크를 받아 병원에 실려가는 일도 있었다. 같은 해 대학로에서 배우 주진모와 함께 찍은 〈실제상황〉은 세 시간 만에 완성하는 파격을 보여줘 화제가 되기도 했다.

2001년 연출한 〈수취인불명〉은 베니스영화제 경쟁부문, 〈나쁜 남자〉는 베를린영화제 경쟁부문에 초청되는 성과를 이루기도 했다. 특히 〈나쁜 남자〉는 그의 데뷔작인 〈악어〉에 출연했던 조재현이 다시 주연을 맡아 70만 관객을 동원함으로써 그의 영화 중 흥행면에서 가장 성공한 영화가 되었다.

"김기덕은 한국 영화계의 이단아다!"

"김기덕의 영화는 불편하고 불결하다. 온통 나쁜 이미지뿐이다."

"충격과 신선함을 오고가는 한국을 대표하는 아티스트이다."

김기덕 감독은 적은 제작비 때문에 빨리 찍는 것으로 유명하지만 작품성만큼은 인정받았다.

"가장 오래 찍은 영화는 4개월이 걸렸습니다. 가장 짧게 찍은 〈실제상황〉은 3시간 20분이 걸렸지요. 하지만 영화의 테크닉은 포기해도 주제를 포기한 적은 단 한 번도 없었습니다."

이런 철학 때문이었을까? 2002년 자신이 직접 출연하기도 했던 〈봄 여름 가을 겨울 그리고 봄〉은 대종상과 청룡영화상에서 작품상을 거머쥐기도 했다. 이때부터 그의 진정한 전성기가 시작되었다. 그의 연출방식과 메시지가 전 세계의 시선을 사로잡기 시작한 것이다. 〈사마리아〉는 베를린영화제에서 감독상을 받았고, 〈빈집〉은 베니스영화제에서 감독상을 수상했다. 그리고 2012년 제69회 베니스국제영화제에서 〈피에타〉로 황금사자상을 수상함으로써 한국 감독 최초로 가장 큰 상을 받는 쾌거를 이루기도 했다.

시상식장에서 황금사자상에 자신의 이름이 호명되자 김기덕 감독은 한복을 곱게 차려입고 나와 수상소감을 말한 뒤 〈아리랑〉을 불러 국민의 가슴을 찡하게 만들었다.

상을 들고 금의환향한 그에게 한 기자가 물었다.
"당신을 한마디로 표현하면 무엇일까요?"
김기덕 감독이 담담한 어투로 대답했다.
"저는 열등감을 먹고 자란 괴물입니다."
그리고 잠시 숨을 고른 뒤 말을 이었다.
"인간은 누구나 한 송이 꽃입니다. 누구에게나 특별한 능력이 있습니다. 전 한 순간도 저를 믿지 않은 적이 없었습니다. 자기 자신의 생각이 틀리지 않다는 것을 믿으세요. 과거로 돌아가지 말고 미래를 기다리지 말고 현재를 놓치지 마십시오. 이것이 저한테는 가장 큰 삶의 태도이자 철학입니다."

열등감을 진주목걸이로 만들어라

"미국 인구 전체의 95퍼센트가 열등감을 갖고 있다."

미국의 저명한 성형외과 의사이자 심리학자인 맥스웰 말츠 박사의 말이다. 그는 열등감을 갖지 않으려면 자신을 먼저 사랑할 줄 알아야 한다고 했다. 그러면서 열등감 해소를 위한 7가지 방법을 제시했다.

1. 부정적인 이미지를 버려라.
2. 나도 행복해질 수 있다고 믿어라.
3. 고난이 찾아오면 더 최악의 상태를 생각하라.
4. 목표를 세우면 공허감이 사라진다.
5. 기회가 왔을 때 겁내지 말고 뛰어들어라.

6. 실패에 직면해도 자책감에 사로잡히지 마라.
7. 자신의 시간을 보석처럼 아껴라.

 인생에서 가장 떫은 감은 '열등감'이고, 가장 맛 좋은 감은 '자신감'이라는 우스갯소리가 있다. 세상 모든 문제의 근본 원인은 열등감에서 비롯된다. 열등감에 사로잡혀 있는 사람은 자신을 제대로 사랑하지 못한다. 자신을 있는 그대로 사랑할 수만 있다면 열등감의 대부분은 해결될 수 있다. 앨리노어 루즈벨트는 "당신의 동의 없이는 그 누구도 당신에게 열등감을 안겨줄 수 없다"는 명언을 남겼다.

......

상황은 비관적으로 생각할 때만
비관적이 됩니다.
긍정적인 생각이
나를 긍정적으로 만들었습니다.

 생각대로 ④ | **노벨평화상 수상자 빌리 브란트**

인정받기를 원한다면
진실한 마음으로 남을 대하라

    1970년 12월 7일 폴란드의 수도 바르샤바에 한파가 몰아닥쳤다. 한바탕 눈이 휩쓸고 간 바르샤바 국립묘지는 아침 일찍부터 교통이 통제되었다. 교통경찰들이 겹겹이 에워싸고 있는 가운데 검은색 차량이 줄을 지어 묘지 안으로 들어갔다. 지나가던 시민 한 명이 궁금증을 참지 못하고 경찰관에게 물었다.

"대통령이라도 방문하시나요?"

갑작스런 질문에 당황해하며 경찰관이 대답했다.

"서독의 총리가 방문한다고 합니다."

"뭐라고요? 그놈이 여기에는 왜 온답니까?"

시민은 흥분을 가라앉히지 못하고 경찰관을 향해 소리를 질렀다.

"전쟁을 일으켜 죄 없는 수많은 사람을 죽인 놈들이 무슨 염치가 있어서… 그 희생자 가족이 버젓이 살아 있는데 그놈들이 무슨 낯짝으로 이곳을 찾는단 말이오. 그리고 폴란드 정부는 뭐하는 게요. 그 전쟁범들이 신성한 국립묘지 안에 발을 들여놓게 하다니."

그때서야 그 시민은 국립묘지 곳곳에 플래카드를 들고 서 있는 사람들을 봤다.

'40만 명의 폴란드인을 학살한 독일인은 사죄하라.'

'빌리 브란트 총리는 물러가라.'

당시 서독의 총리였던 빌리 브란트는 주위의 만류에도 불구하고 폴란드를 방문하자마자 곧바로 국립묘지로 향했다. 그곳은 제2차 세계대전 당시 폴란드를 침공한 독일군이 수많은 사람을 죽인 것을 기리기 위해 만든 추모의 묘역이 있는 곳이었다. 소식을 들은 폴란드 국민과 유럽에 있는 수많은 기자가 이 역사적인 장면을 지켜보기 위해 모였다.

드디어 빌리 브란트가 위령탑 앞에 섰다. 정갈한 검은색 코트를 입은 그는 위령탑 앞에 꽃을 헌화하고 천천히 뒤로 물러섰다. 그리고 잠시 묵념을 하는가 싶더니 털썩 무릎을 꿇었다. 현장에 있던 사람들은 빌리 브란트의 갑작스러운 행동에 당황했다. 그건 보좌관들도 마찬가지였다.

"총리님께서 기절하신 거 아냐."

"얼른 달려가서 부축하게나!"

하지만 빌리 브란트는 기절한 게 아니라 흐느껴 울고 있었다. 그건 제2차 세계대전 당시 독일 나치에 의해 희생된 폴란드 유대인들에게 올리는 진심 어린 사죄였다. 여기저기서 카메라 플래시가 터졌다. 그는 좀처럼 일어나지 못하고 차가운 바닥에 무릎 꿇고 앉아 오랫동안 묵념했다.

빌리 브란트의 이러한 행동은 유럽뿐만 아니라 전 세계적으로 알려졌다. 독일을 대표하는 총리가 위령탑 앞에 무릎 꿇고 흐느끼는 장면은 전범국 독일에 대한 증오심과 선입견을 바꿔놓았다. 묵념을 마치고 돌아서는 빌리 브란트에게 한 기자가 물었다.

"지금 총리님께서 하신 행동의 의미가 무엇입니까?"

빌리 브란트는 침착한 어조로 대답했다.

"인간이 말로써 표현할 수 없을 때 할 수 있는 한 가지 행동을 했을 뿐입니다."

또 다시 여기저기서 카메라 플래시가 터졌다. 그리고 며칠 후 세계 언론들은 빌리 브란트의 이 사죄를 "무릎을 꿇은 것은 한 사람이었지만 일어선 것은 독일 전체였다"고 평했다. 그것은 빌리 브란트가 시작한 독일 통일 프로젝트이자 유럽 전체의 평화와 통합을 향해 나아가는 '동방정책'의 상징적 출발점이었다. 동독과 서독이 마침내 냉전을 버리고 화해와 협력으로 돌아서게 한 것이다. 하지만 당시 독일의 보수적인 사람과 정적은 브란트의 정책을 맹비난했다.

"빌리 브란트는 빨갱이다."

"동독에게 언제까지 퍼주기만 할 거냐."

"근본도 모르는 사생아가 나라를 다 망쳐놓는다."

수많은 비난에도 불구하고 브란트는 흔들리지 않고 동독과 서독의 통합을 추진해나갔다. 그리하여 브란트 시대에 동독과 서독은 함께 유엔에 가입했고 이산가족 방문, 우편과 통신 교류, 무역을 통한 상호 화해와 발전을 이루었다. 1970년 브란트는 독일 분단 이후 처음으로 역사적인 정상회담을 성사시켜 상호간에 경제와 여행, 스포츠 등의 분야에서 활발한 교류를 해나갔다.

1973년 빌리 브란트는 서독 총리로서는 처음으로 이스라엘을 방문했다. 당시 독일에 대한 유대인의 격앙된 감정으로 수상의 방문 자체가 껄끄러웠지만 브란트는 솔직하고도 정중하게 나치가 유대인들에게 가했던 만행에 대해 진심으로 사죄하고 용서를 구했다. 이에 이스라엘 수상이 화답한 말은 유명하다.

"우리는 용서한다. 그러나 잊지는 않을 것이다."

이 방문은 독일과 이스라엘의 화해에 크게 기여했다.

독일 젊은이들은 여전히 빌리 브란트를 '가장 좋아하는 독일 정치가'로 뽑는다. 1990년 동서독이 통일되던 당시에도 독일 언론과 국민은 헬무트 콜이 아닌 빌리 브란트를 '독일 통일의 아버지'로 칭송했다.

브란트에 대한 독일인의 사랑은 1992년 그가 사망하자 전 국민의 애도로 이어졌고, 그의 유고 및 저술들을 정리하고 출판하기 위해 두 개의 재단이 설립됐다. 독일인의 브란트 사랑은 여기서 그치지 않고 1999년 독일이 통일되고 베를린으로 수도가 이전되자 연방수상과 관저와 연방의회가 있는 거리를 '빌리 브란트 거리'로 명명하기 했다.

《양철북》의 작가이자 노벨문학상 수상자인 귄터 그라스 또한 빌리 브란트의 열렬한 지지자였다. 귄터 그라스는 빌리 브란트의 집권 직후에 그의 연설문의 대부분을 작성해주었고 여러 곳에 그에 관한 글을 씀으로써 무한한 애정과 지지를 보냈다.

빌리 브란트는 1913년 독일 북부 도시 뤼벡에서 태어났다.

"적극적인 행동이 사회를 변화시킨다."

빌리 그란트는 열여섯 살에 이런 신념을 가지고 사회주의 운동을 하기 위해 사회민주당에 입당했다. 그리고 나치스 반대 운동에 적극적으로 나섰다. 독일 국민은 나치스에게 큰 희망과 지지를 보냈지만 빌리 브란트는 독재 파시즘을 인정할 수 없었다. 결국 나치스는 그의 국적을 박탈했고 그는 쓸쓸히 노르웨이와 스웨덴 등지로 망명을 떠났다.

제2차 세계대전이 독일의 패배로 끝나고 귀국한 그는 사회민주당의 서베를린의 시의회 의원으로 당선된 것을 시작으로 연방의회 의원, 서베를린 시장을 거쳐 1969년 드디어 독일 총리가 되었다. 그리고 그 이듬해 역사에 길이 남은 '폴란드 위령탑 앞에서 무릎 사죄'를 한 것이다.

독일과 유럽인은 이 사건 후 빌리 브란트를 더욱 눈여겨보게 되었다. 그때 한 언론에 그의 가슴 아픈 과거사가 밝혀졌다. 그는 아버지가 누구인지 모르는 사생아였다.

"어린 시절 저에게 의지가 된 단 한 사람은 할아버지였습니다. 할아버지는 저의 유일한 친구이자 인생의 길잡이셨습니다."

그러던 어느 날 삼촌에게서 충격적인 사실을 듣게 된다. 할아버지가 친할아버지가 아니라는 것이었다. 할아버지는 친딸이 아닌 그의 어머니를 친딸처럼 키웠고 자신 또한 친손자처럼 사랑해주었던 것이다.

"그 이야기를 듣고 많은 눈물을 흘렸다. 피 한 방울 섞이지 않은 저의 어머니와 저를 키워주신 그 크신 사랑에 깊은 감명을 받았습니다. 그때부터 제 머릿속에는 진실한 마음만 있으면 누구나 가족이 될 수 있고 사랑을 나눌 수 있다는 것을 깨달았습니다."

이런 평탄하지 않은 가족관계는 그의 정적들에게 종종 공격의 대상으로 이용되기도 했다. 하지만 그는 이런 저급한 인신공격적 비난들을 현명하게 극복해냈다. 오히려 이런 공격을 당하는 와중에 그의 입장을 대변하는 많은 학자와 문학가 등 정치적 동료를 얻을 수 있었다. 앞에서 언급한 귄터 그라스 또한 그중 한 명이었다.

빌리 브란트는 1971년 노벨평화상을 수상하며 다음과 같은 연설문을 남겼다.

"젊은이들은 자주 제가 무조건적인 '예'나 '아니오'로 답변하길 기대합니다. 하지만 저는 이제 하나의 진리를 믿을 수 없게 되었습니다. 그래서 저는 젊은이들, 저로부터 그런 답을 듣기 원하는 그밖의 사람들에게 이렇게 말합니다. 세상에는 다른 모든 진리를 배제하는 오직 하나의 진리가 아니라 무수한 진리가 존재한다고. 바로 그런 이

유에서 저는 다양성의 가치를 신뢰합니다."

그리고 젊은이들에게 늘 긍정적인 사람이 되라고 당부했다.

"상황은 비관적으로 생각할 때만 비관적이 됩니다. 긍정적인 생각이 나를 긍정적으로 만들었습니다."

진심이란 마음을 다하는 것이다

'진심'이란 단어에는 여러 뜻이 있다. '거짓이 없는 참된 마음'을 뜻하는 진심(眞心)이 있고, '마음을 다함'이라는 진심(盡心)도 있다. 사랑도 일도 전자의 진심을 넘어 후자의 진심이 있어야 한다. 그래야 자신의 온 마음이 상대방에게 제대로 전달된다.

"내가 먼저 할 일은 나 자신에게 진실해야 한다는 점이다. 어찌 자신이 진실하지 못하면서 남이 나에게 진실하기를 바라겠는가? 만일 그대가 그대에게 진실하다면 밤이 낮을 따르듯 아무도 그대에게 거짓말을 하지 않게 될 것이다."

윌리엄 셰익스피어의 말이다.

진심이 있는 사람은 인정과 사과에 관대하다. 이런 사람은 자신의 잘못에 대해 적당히 인정하고 사과하지 않는다. 자기의 잘못으로 피해를 본 사람에게 어떤 식으로든지 물질적인 배상과 정신적으로 납득이 갈 때까지 진심을 다한다.

"나는 진심을 다해 살고 있는가?"

오늘 스스로에게 물어보자. 일에 대한 성과와 만남의 결과에 연연하지 않고 온 마음을 다하고 있는지를.

Chapter 2

새우잠을
자더라도
고래 꿈을 꾸어라

......
우리가 보고 있는 걸 이해하려고 노력하고
무엇이 우주를 존재하게 하는지 궁금해하십시오.
호기심을 가지십시오.
고개를 들어 별들을 바라보세요.
당신의 발만 쳐다보지 말고.

생각대로 ⑤ | 장애를 극복한 천재 과학자 스티븐 호킹

나의 가장 큰 업적은 아직 살아 있는 것이다

"이 학생은 앞으로 1~2년밖에 살지 못할 겁니다."

청천벽력 같은 소리였다. 의사의 말에 부모님은 큰 충격을 받았다. 휘청거리며 쓰러지려는 어머니를 아버지가 붙잡았다.

"암인가요?"

"암이 아닙니다. 근위축성측색경화증, 일명 루게릭 병이라고 합니다. 온몸의 근육이 점점 위축되어 나중에는 걷거나 움직일 수 없게 되며, 결국에는 호흡곤란 등으로 사망에 이르게 되는 병입니다."

급기야 어머니는 실신을 하고 응급실로 옮겨졌다. 어릴 때부터 몸이 허약했지만 스무 살이 갓 넘은 장남에게 이렇게 무서운 병이 찾아올

줄은 꿈에도 몰랐다. 응급실을 나와 담당의에게 찾아온 아버지가 간절한 목소리를 담아 물었다.

"어떻게 살릴 방법은 없습니까?"

"현대 의학으로는 별 방법이 없습니다. 정말 유감입니다. 옥스퍼드를 수석으로 졸업하고 케임브리지 대학원에서 물리학을 전공하고 있는 유능한 학생이라고 들었는데…."

순간 아버지의 눈앞이 캄캄한 어둠으로 변했다.

옛날 기억이 주마등처럼 스쳐 지나갔다.

제2차 세계대전이 한창이던 1942년 1월 8일에 태어난 아이의 이름은 스티븐 호킹. 힘들고 공포스러운 전쟁통이었지만 첫아이의 힘찬 울음소리를 듣는 순간 세상 근심이 모두 사라졌다.

"너는 커서 훌륭한 과학자가 될 거야."

그날은 공교롭게도 갈릴레오 갈릴레이가 세상을 떠난 지 정확히 300년이 되는 날이었다. 열대병 연구학자이자 의사인 아버지는 스티븐 호킹을 끔찍이 사랑했다. 하지만 스티븐 호킹은 태어날 때부터 건강한 아이가 아니었다. 병치레가 잦았고 말투도 어눌했다. 초등학교에 들어가서부터는 심하게 말을 더듬어 반 아이들의 놀림 대상이 되곤 했다. 하지만 항상 밝고 쾌활했으며 눈에서는 광채가 나는 총명한 아이였다.

열일곱 살이 된 호킹은 대학 입학을 앞두고 있었다.

"호킹, 어느 대학에 가고 싶니?"

"당연히 옥스퍼드지요. 아버지 모교이기도 하잖아요."

"하하하, 녀석도. 그래 전공은 정했니?"

"물리학을 하고 싶어요. 뉴턴이나 아인슈타인 같은 훌륭한 과학자가 되는 게 제 꿈이거든요."

아버지는 그런 스티븐 호킹을 자랑스럽고 사랑스런 눈으로 쳐다보았다. 눈에 넣어도 아프지 않을 것 같은 금쪽 같은 아이였다. 호킹은 자신의 꿈처럼 옥스퍼드에 진학해서 물리학을 전공했다. 하지만 물리학을 공부할수록 천문학 분야에 끌리기 시작했다. 그는 도서관에 들어앉아 천문학 서적을 읽기 시작했다. 그러던 어느 날 몸이 이상한 것을 느꼈다.

'뭐지? 이 현기증은?'

하지만 대수롭지 않게 생각했다. 스티븐 호킹은 물리학과 천문학뿐만 아니라 자신이 좋아하는 고전음악과 공상과학소설을 읽으며 대학 시절을 보냈다. 그 후 수석으로 대학을 졸업하고 케임브리지 대학원에 입학했다. 그리고 재학 중이던 스물두 살에 루게릭병 진단을 받은 것이다.

며칠 후 스티븐 호킹은 자신이 루게릭병에 걸렸다는 것을 알게 되었다. 무엇보다 살 날이 2년밖에 남지 않은 시한부 인생이라는 것이 가슴 아팠다. 그는 큰 절망에 빠졌다.

'내 꿈을 펼쳐보기도 전에 이렇게 세상을 떠날 수는 없어.'

어느 날 스티븐 호킹은 간호사를 호출했다.

"최대한 빨리 공책과 연필을 가져다주세요."

간호사는 헐레벌떡 뛰어와 공책과 연필을 그의 앞에 내려놓았다.

"이걸로 뭐하려고?"

"갑자기 좋은 공식이 떠올랐어요. 얼른 기록해야 해요."

스티븐 호킹은 간호사가 건네준 연필로 손을 뻗어보았다. 하지만 좀처럼 손이 움직이지 않았다. 이상하게 생각한 그는 이번엔 발가락을 움직여보려 했다. 발가락 또한 움직이지 않았다. 그는 그때서야 자신이 루게릭병에 걸렸다는 것과 그 병의 증세에 대해 몸으로 느끼기 시작했다.

'안 돼. 여기서 포기하면 안 돼. 비록 2년밖에 남지 않은 삶이지만 그때까지만이라도 내가 하고 싶은 일을 하는 거야. 절대로, 절대로 여기서 주저앉지 않을 거야.'

그때부터 스티븐 호킹은 공식을 종이에 써내려가는 대신 다른 방법을 찾았다. 그것은 물리학과 수학의 여러 복잡한 공식을 일일이 암기하여 계산하는 것이었다. 그는 무서운 속도로 공식을 머릿속에 집어넣기 시작했다.

하늘이 도와서일까? 다행히 의사가 말했던 2년이 지났는데 그는 죽지 않았다. 오히려 더욱 생기가 넘쳐나 퇴원하고 연구소에서 일할 수 있게 되었다. 그는 휠체어에 앉아 우주의 비밀을 캐내는 데 온힘을 다했다.

"스티븐 호킹은 천재야!"

"어떻게 저렇게 많은 공식을 다 외우고 적용할 수 있을까? 정말 놀라운 능력이야."

"휠체어를 탄 천재 물리학자, 그게 스티븐 호킹이야!"

동료들은 그의 재능에 놀라움을 표시했다. 그즈음 스티븐 호킹은 자신을 헌신적으로 사랑하고 도와주었던 제인 와일드와 결혼했다. 가족의 성원과 제인 와일드의 극진한 보호 덕분에 그는 더욱 연구에 매진할 수 있었다.

1967년 수학자 로저 펜로즈와 함께 〈특이점 정리〉를 발표했고, 1974년 블랙홀에 대한 기존의 통념을 뒤집는 내용의 〈블랙홀 증발〉이론을 발표했다. 이 논문은 과학계에 큰 충격을 주었다. 이를 계기로 스티븐 호킹은 자신의 이름을 널리 알리는 동시에 32세의 나이에 영국왕립학회의 회원으로 임명되었다. 이는 왕립학회 역사상 가장 젊은 회원이었다. 그는 임명장을 받기 위해 행사장으로 향했다.

왕립학회에는 새로 선출된 회원들이 직접 걸어나가 명부에 자신의 이름을 적는 전통이 있었다. 하지만 걷는 것은 물론 글씨도 제대로 쓸 수 없었던 그에게는 힘든 일이었다. 그때 학회장이었던 엘런 호드킨이 명부를 그에게 가져갔다. 노벨생물학상 수상자이자 자신이 평소 존경하던 엘런 호드킨이 다가오자 감격스러웠다. 스티븐 호킹은 힘겹게 서명했다. 그때 우레와 같은 박수가 터져 나왔다.

"자네가 왕립학회의 회원이 된 걸 축하하네."

그때 다른 일로 왕립학회를 방문하고 있던 《코스모스》의 저자 칼 세이건이 이 모습을 보고 다음과 같은 말을 남겼다.

"스티븐 호킹은 이미 살아 있는 전설이 되었다."

이때부터 스티븐 호킹은 과학자로서의 큰 영예를 누리게 되었다. 그러나 병세는 더욱 심해졌다. 결국 기관지 절개수술을 하고 말하는 기능마저 잃게 된 스티븐 호킹은 음성합성장치로 대화하기에 이르렀다.

'팔과 다리에 이어 내 목소리까지 가져가시는구나. 하지만 결코 주저앉지 않을 거야.'

스티븐 호킹은 절망하지 않았다. 그는 연구에 더욱 매진했고 1988년 출간한 대중과학서적인《시간의 역사》로 세계적인 명사가 되었다. 이 책은 일반인을 위해 우주의 역사와 시공간 개념을 쉽게 풀이한 책으로〈선데이 타임스〉베스트셀러 목록에 최고기록인 237주 동안 머물렀다. 또한 출간 이후 40여 나라에서 1000만 권 이상 팔리는 초대형 베스트셀러가 되었다.

2012년 스티븐 호킹은 런던올림픽 주경기장에 열린 패럴림픽 개막식 행사에서 카운트다운과 함께 어둠 속에서 휠체어를 타고 나타났다. 그는 음성인식기를 통해〈발견의 여정〉이라는 짧은 강연을 했다.

"우주엔 어떤 특별한 경계조건이 있다고들 합니다. 하지만 정말 우주를 특별하게 만드는 건 경계가 없기 때문이죠. 인간의 노력에도 경계가 없어야 합니다. 우리가 보고 있는 걸 이해하려고 노력하고 무엇이 우주를 존재하게 하는지 궁금해하십시오. 호기심을 가지십시오. 고개를 들어 별들을 바라보세요. 당신의 발만 쳐다보지 말고."

관중은 환호했고 이를 TV로 지켜본 전 세계인은 그에게 큰 박수를 보냈다. 갈릴레오 갈릴레이, 아이작 뉴턴, 알베르트 아인슈타인의 계보를 잇는 물리학자 스티븐 호킹은 권위에 의존하지 않는 진정한 과학자의 모습을 보여주기도 했다.

"블랙홀에 들어간 모든 정보는 파괴된다는 학설에 오류가 있다는 것을 알게 되었다. 내 주장이 옳지 않았다."

지난 30년간 자신이 주장해왔던 블랙홀 이론이 잘못된 것을 인정하고 새로운 학설을 받아들인 것이다. 세계 과학계에 큰 업적을 남기고 있는 스티븐 호킹은 2012년 현재 71세를 맞이했다. 그는 자신의 업적을 다음과 같이 정의했다.

"내 생애 가장 큰 업적은 아직 살아 있는 것이다."

 남들과 다르게 생각하고 행동하라

"어떤 본성을 타고 났든 그것에 충실해라. 자신의 재능 범위에서 절대 벗어나지 마라. 자신에게 주어진 본성이 그대로 발휘될 때 성공할 수 있다. 본성을 충분히 발휘하지 못하면 별 볼 일 없는 사람보다도 훨씬 못한 인간이 될 것이다."

영국 제독을 지낸 시드니 스미스의 말이다.

1457년 3월 6일 이탈리아 카프레세에서 태어난 미켈란젤로는 여섯 살 때 어머니를 여의고 어느 석공의 아내에게 맡겨졌다. 읍의 행정관이었던 아버지는 그가 공부를 열심히 해 훌륭한 인재가 되기를 원했지만 미켈란젤로는 학교에서 오직 데생만 연습했다. 집안에서 예술가가 태어난 것을 부끄럽게 생각한 아버지는 매를 때려가면서 아들을 훈육했지만 미켈란젤로의 외골수 고집을 꺾지 못했다. 결국 그는 13세 때 당시 피렌치의 뛰어난 화가인 도메니코 기를란다요의 제자로 들어가 〈천지창조〉, 〈최후의 심판〉, 〈피아테상〉 등 훌륭한 예술작품을 후세에 남겼다. 그는 이런 말도 남겼다.

"남의 뒤를 따라가는 것은 결코 전진하고 있는 것이 아니다. 그리고 자기 자신의 마음속에서 창조할 줄 모르는 사람은 남의 작품에서 어떠한 이익도 끌어낼줄 모른다."

성공한 사람의 이야기에는 공통점이 하나 있다. 그것은 바로 자신이 좋아하는 일을 평생 하는 것과 남들과 다르게 생각하고 행동하는 것이다.

......

내가 증명해보였듯이
여러분도 자신의 꿈을 끝까지
포기하지 말고 추구하기 바란다.
대신 그 꿈이 실현되도록 온 정성을 쏟아서!

생각대로 ⑥ | 메이저리그 최고령 신인 투수 짐 모리스

목표를 이루고 싶다면
자신을 의심하지 마라

"언젠가는 꼭 메이저리그 마운드에 오를 거야."

짐 모리스는 어려서부터 메이저리그 투수가 되겠다는 꿈을 가지고 있었다. 그는 틈만 나면 정원에 설치된 연습장에서 목표물을 향해 공을 던졌다. 손가락이 부르트고 피가 나도록 던지고 또 던졌다. 땀이 온몸을 적셨지만 하루도 연습을 게을리하지 않았다.

'꿈을 이룰 수 있다면 이 정도는 아무것도 아니야.'

그러던 어느 날 아버지가 가족을 불러모았다.

"모레까지 짐을 꾸리도록 하거라."

"또 이사를 가야 하나요?"

짐 모리스가 볼멘소리로 물었다.

"난 명령에 따를 뿐이야. 어서 짐을 꾸리렴."

군인인 아버지를 둔 짐 모리스는 수없이 이사를 다녀야 했다. 친구들과 좀 친하게 지낼만하면 짐을 꾸려야 했다. 그 때문에 한 번도 안정된 야구생활을 하지 못했다. 하지만 연습을 게을리하지 않은 덕분에 열아홉 살이 되던 해 당당히 1차 지명으로 밀워키 브루어스에 입단했다.

'이제 내가 메이저리그 마운드에 서는 날도 얼마 남지 않았어. 내 꿈이 이루어지는 날이 바로 코앞에 와 있다고.'

짐 모리스는 먼저 마이너리그 싱글 A팀에 소속되었다. 신인 선수가 마이너리그를 거치지 않고 바로 메이저리그에 직행하는 것은 메이저리그 역사상 30번도 되지 않을 만큼 어려운 일이다. 짐 모리스는 마이너리그에서부터 차례차례 자신의 꿈을 이루기로 결심했다. 그는 연습벌레답게 밤 늦도록 연습했다.

"아악!"

어느 날, 짐 모리스에게 불행이 찾아왔다. 팔꿈치와 어깨 부상으로 공을 던질 수 없게 된 것이다. 그는 이 사실을 숨기고 경기에 출장했지만 고장난 어깨는 좀처럼 말을 듣지 않았다. 결국 짐 모리스는 마운드를 내려와 수술을 받고 재활훈련을 받았다. 그렇게 크고 작은 부상에 시달리던 짐 모리스는 더는 야구를 할 수 없는 몸이 되었다.

"짐, 그동안 수고했네. 부디 행운이 있기를 바라겠네."

그의 나이 스물다섯 때의 일이었다. 짐 모리스는 짐을 꾸려 집으로 돌아갔다. 자신이 한없이 원망스럽고 분했다.
'내 꿈이 여기서 이대로 끝나는 것일까?'
짐 모리스는 며칠 후 짐을 꾸려 길을 떠났다.
"인생에는 꼭 야구만 있는 건 아니야."
가족은 집에서 쉬며 다른 일을 찾아보라고 권했지만 그의 귀에는 아무 소리도 들리지 않았다. 짐 모리스가 텍사스를 여행하고 있을 때 우연히 시골 마을의 고등학교를 지나가게 되었다. 잔디밭에서는 아이들이 함성을 지르며 야구 연습을 하고 있었다. 옛날 생각이 났다. 그동안 잊고 있었던 야구에 대한 열망이 다시 솟아났다.
'그래, 나는 실패했지만 아이들을 가르치는 거야. 아이들에게 꿈과 희망을 주자. 혹시 모르지. 내가 가르친 아이 중에 메이저리거가 나올지.'
짐 모리스는 그날부터 텍사스 라운우드 고교에서 화학교사 겸 야구코치로 일했다. 동네 근처에 집도 구했다. 고장난 줄만 알았던 그의 어깨와 팔꿈치도 점점 나아졌다. 무엇보다 아이들을 가르치는 것이 재미있고 신났다. 하지만 이 학교 야구부는 지역에서 늘 꼴찌를 도맡아서 하고 있었다.
"상황이 아무리 힘들다고 해도 꿈을 잃지 말거라. 늘 꿈을 향해 달리고 도전해라. 그게 야구보다 더 중요하다."
짐 모리스는 자신이 마이너리그에서 배운 것을 아이들에게 하나둘씩 가르치기 시작했다. 하지만 성적은 좀처럼 오르지 않았다.
어느 날 짐 모리스는 야구부원을 모아놓고 말했다.

"난 너희에게 늘 꿈을 이야기해왔다. 가슴속에 꿈을 품어야 목표와 의지도 생기고 실력도 향상된다고. 하지만 우리는 또 꼴지를 했구나. 하하, 좋아. 오늘 내가 너희에게 근사한 제안을 하지. 만약에 다음 대회에서 우리 팀이 지역 예선을 통과한다면 나도 메이저리그에 도전하겠다."

여기저기서 웅성거리는 소리가 들려왔다.

"그래도 코치님은 몸무게가…."

"나도 알아. 내가 운동장을 돌면 땅이 쿵쿵 울릴 정도로 뚱뚱하지. 무려 135킬로그램이 나가니깐. 하지만 너희가 약속을 지키면 나 역시 너희와 한 약속을 꼭 지키마."

일종의 충격요법이었다. 하지만 짐 모리스는 예상치 못한 상황에 놓였다. 아이들이 다음 대회에서 지역 예선을 통과한 것이다. 이제 짐 모리스의 약속만 남았다.

'일생일대의 도전이야. 그래, 한번 해보자.'

그날부터 짐 모리스는 밤마다 투구 연습에 들어갔다. 오랜만의 연습이었지만 폼이 몸에 배어서인지 생각보다 투구가 더 시원시원하게 날아갔다.

드디어 테스트 날이 다가왔다. 짐 모리스의 투구를 보려고 야구부원과 야구 관계자가 운동장에 모였다.

"코치님, 파이팅!"

"텍사스의 매운 맛을 보여주세요!"

자신의 순서가 되자 짐 모리스가 다소 긴장한 듯한 모습으로 마운드에 올랐다. 그리고 숨을 크게 한 번 고른 뒤 포수를 향해 힘차게 공을 뿌렸다.

"팡!"

한치의 오차도 없이 정확하게 가운데로 꽂히는 스트라이크였다. 육중한 몸에서 뿜어나오는 빠른 공에 그곳에 모인 사람의 눈과 귀가 쏠렸다. 더욱 놀라운 것은 전광판에 찍힌 구속이었다. 무려 157킬로미터였다.

"악!"

"오 마이 갓!"

눈 깜짝 할 사이에 벌어진 일이었다. 관중의 입이 떡 벌어졌다. 놀란 것은 아이들도 마찬가지였다. 짐 모리스는 그날 테스트에서 합격 소식을 받았다.

'죽은 줄만 알았던 내 팔이 다시 살아났구나.'

짐 모리스는 속으로 감탄했다.

테스트를 마치고 버스에 홀로 앉아 감격에 겨워 울고 있는 짐 모리스에게 한 아이가 다가왔다. 그리고 자신이 직접 사인한 야구공 하나를 건네며 말했다.

"이제 코치님 차례예요."

연이어 아이들이 하나둘씩 다가와 자신이 사인한 공을 건네며 덕담과 격려를 전했다. 짐 모리스는 눈물을 멈추지 못하고 아이들을 일일이 포옹했다.

"너희에게 한 약속은 꼭 지키마. 꼭 메이저리그 마운드에 서서 공을 던질 거야."

이때가 1999년으로 짐 모리스의 나이 만 35세였다. 135킬로그램의 이 육중한 사내는 템파베이 데블 레이스 산하 더블 A팀에 입단했다. 그리고 같은 해 9월 19일, 그는 메이저리그 텍사스 구장 마운드에 올라 결국 자신의 꿈을 이뤄내고 만다. 비록 1대 6으로 크게 뒤진 상황에서 마운드에 올랐지만 아이들을 생각하며 혼신의 힘으로 공을 던졌다. 그리고 마운드에서 내려와서는 뜨거운 눈물을 흘렸다.

"코치님이 자랑스러워요."

"저희도 열심히 해서 꼭 메이저리그 선수가 될게요."

짐 모리스는 먼 길을 달려온 제자들을 일일이 안으며 말했다.

"너희가 없었다면 내 꿈도 사라졌을 거야. 고맙다. 너희와의 약속을 지킬 수 있어서 기쁘구나. 그리고 나와의 약속 또한."

아직도 깨지지 않는 메이저리그 최고령 신인 투수 기록을 가진 짐 모리스는 그날의 경험에 대해 한 인터뷰에서 이렇게 말했다.

"오랫동안 가슴속에 품었던 꿈을 이루었습니다. 그게 너무 기쁩니다. 전 심장이 가슴 밖으로 빠져나오는 줄 알았습니다."

그렇게 짐 모리스는 2년간 템파베이에서 21경기에 등판해 15이닝을 던진 게 전부였다. 승패는 없었고 방어율 4.80을 기록했다. 그리고 2001년에는 박찬호가 마지막 시즌을 보낸 LA다저스로 옮겼지만 팔꿈치 통증이 재발하면서 은퇴해야 했다. 은퇴하면서 짐 모리스는 다음과 같은 말을 남겼다.

"모두가 불가능한 도전이라고 생각했던 약속을 아이들과 지켜내며 꿈의 중요성을 직접 체득했습니다. 전 꿈을 꾸었고 그 꿈을 이루어냈습니다."

'꿈을 가져라'는 약속을 지키기 위해 만 35세라는 늦은 나이에 결국 메이저리거가 된 전설적인 인물. 짐 모리스의 이야기는 훗날 영화 <루키>로 제작되어 많은 이에게 감동을 선사했다.

짐 모리스는 현재 수많은 대학과 기업에서 강연하고 있다. 그는 한 인터뷰에서 다음과 같이 말했다.

"내가 남들에게 가장 자랑스럽게 들려주는 이야기는 나를 믿어준 가족과 꿈에 대한 것이다. 내가 증명해보였듯이 여러분도 자신의 꿈을 끝까지 포기하지 말고 계속 추구하기 바란다. 대신 그 꿈이 실현되도록 온 정성을 쏟아서!"

기적은 노력의 또 다른 이름이다

"삶을 사는 데는 두 가지 방법이 있다. 하나는 기적이란 없는 듯이 사는 것, 또 하나는 모든 일이 기적인 듯이 사는 것이다."

알버트 아인슈타인의 말이다. 아인슈타인은 훌륭하고 영감 있는 모든 것은 자유로운 상태에서 열심히 노력하는 사람에 의해 창조된다고 생각했다. 그 또한 수많은 실험과 실패를 통해 오늘날과 같은 명성을 얻었다.

인생은 이생(二生)이 아니라 일생(一生)이라는 말이 있다. 주어진 하루하루를 어떻게 보내느냐에 따라 기적을 이룰 수도 있고 실패자가 될 수도 있다. 간절한 마음으로 아름다운 집을 만드는 건축가와도 같이 차근차근 정성을 다해 삶에 임해보자. 그리고 기회가 찾아왔을 때 그것을 놓치지 말고 두 손으로 꽉 움켜쥐어야 한다. 기회는 당신의 인생에서 조만간 기적이 일어날 수 있다는 예비신호이다.

  태어난 지 19개월 만에 보지도 듣지도 못하게 된 헬렌 켈러는 설리번 선생님의 도움으로 장애를 극복했다. 그리고 훗날 훌륭한 여성인권자가 되어 아직까지도 추앙받는 위인으로 남아 있다. 헬렌 켈러는 한 인터뷰에서 이런 말을 남겼다.

  "우리가 최선을 다할 때 어떤 기적이 우리 인생, 또는 다른 사람의 인생에 일어날지는 알 수 없다."

......

꿈을 실행하지 않으면
후회할 것이다.
하지만 철저한 분석과
검증 없이 한다면
더욱 후회할 것이다.

생각대로 ⑦ | **아마존 창업자 제프 베조스**

꿈을 실행하지 않으면
후회할 것이다

뉴욕의 심장부인 센트럴 파크에 위치한 어느 고급 아파트. 울창한 숲 사이로 부지런한 사람들이 조깅을 하고 호숫가에는 오리가 줄을 지어 이동하고 있었다.

"여보, 그만 일어나세요."

아침 준비를 하고 있던 아내가 큰소리로 외치자 제프 베조스가 벌떡 일어났다. 그리곤 습관처럼 화장실로 가서는 〈월스트리트〉지를 펼쳐들었다. '성공을 원하는 사람은 〈타임〉지를 읽고 성공한 사람은 〈월스트리트〉지를 읽는다'고 했던가? 제프 베조스의 일과는 언제나 〈월스트리트〉지를 읽는 것으로 시작했다. 그도 그럴 것이 제프는 현재 월스트리트에서 가장 잘 나가는 펀드 매니저 중의 한 명이었다. 타고난 천재성과 직관으로 탁월한 수익을 올리며 스물여섯이라는 나이로 최연소 부사장에 오른 전도유망한 젊은이. 연봉은 무려 백만 달러가 넘었다.

하지만 제프 베조스가 원래부터 펀드 매니저가 되려고 했던 것은 아니었다. 1964년 마이크로소프트 사의 첫번째 사무실이 있던 뉴멕시코 주 앨버커키에서 태어난 제프 베조스는 우주비행사나 물리학자가 되는 것이 꿈이었다. 하지만 그의 나이 열일곱 살에 충격적인 사실을 알게 되었다.

'내가 아버지의 친자식이 아니라고?'

그건 일생일대의 충격이었다. 그의 친부는 자신의 어머니가 임신했을 때 사망했고 지금의 아버지와 재혼한 상태였다. 말 그대로 사생아였다. 하지만 그는 어머니와 양아버지의 극진한 사랑으로 나쁜 길로 빠지지 않았다. 이미 어린 시절부터 과학에 대해 천재적인 소질을 보였던 그는 과학영재학교에서도 뛰어난 학생으로 주위의 찬사를 받았다.

"앞으로 컴퓨터가 세상을 지배하게 될 거야."

양아버지의 조언은 제프 베조스에게 큰 힘이 되었다. 그는 고교 졸업과 동시에 미국의 명문 프린스턴 대학 컴퓨터공학과에 우수한 성적으로 입학했다. 그리고 대학을 수석으로 졸업했다. 졸업을 앞둔 무렵 인텔 같은 유수한 회사로부터 취업 제안을 받았지만, 정작 제프가 선택한 회사는 피텔이라는 무명의 벤처기업이었다.

'대기업에 들어가 안정된 생활을 하는 것도 좋지만 나를 필요로 하는 가능성 있는 회사에 가고 싶어.'

이곳에서 컴퓨터 시스템을 담당했던 그는 회사의 사정이 나빠지자 2년 만에 퇴사하고 월스트리트로 향한다. 인터넷 회사에서 컴퓨터 관리를 맡았지만 일에 대한 회의감을 느끼고 펀드 매니저로 직업을 바꾸었다. 하지만 그의 마음속에는 늘 컴퓨터에 대한 애정이 숨쉬고 있었다. 그런데 오늘 아침 〈월스트리트〉지에서 '인터넷 인구가 기하급수적으로 늘어나고 있다'라는 기사를 본 것이다. 화장실에 앉아 기사를 읽고 있던 그의 가슴에서 뜨거운 열정이 피어올랐다.

'드디어 새로운 세상이 시작되는 건가?'

제프 베조스는 회사에 출근해서 사표를 제출했다. 그리고 아내를 불러 말했다.

"여보, 이제 곧 새로운 세상이 시작될 거야. 인간은 인터넷 없이는 살 수 없는 그런 세상 말이야. 우리는 서부로 떠날 거야. 어서 짐을 꾸려."

"무슨 좋은 사업 아이템이라도 있어요?"

"그 이야기는 가면서 차차 이야기하기로 하지."

"뉴욕에서 LA까지는 6시간밖에 걸리지 않아요. 일생일대의 중요한 이야기를 그 시간 동안 다하겠다고요?"

"여보, 우린 비행기를 타지 않을 거야. 이번 기회에 미국 횡단을 하고 싶어. 당신하고 많은 이야기를 나누고 싶어."

둘은 자동차를 빌려 길을 떠났다. 오랜간만에 맞는 휴가 아닌 휴가 때문에 즐거웠다. 아내는 운전을 하고 제프 베조스는 구체적인 사업 아이디어를 아내에게 말하기 시작했다.

"인터넷에 상점을 차리는 거야. 내가 생각하는 품목은 우선 다섯 가지야. 책, 비디오, 시디, 컴퓨터, 그리고 컴퓨터 프로그램이지. 나는 그동안 이 다섯 가지 품목이 시장에서 어떻게 팔리고 있는지 조사했어. 어느 회사 제품의 품질이 좋은지, 가격은 어느 회사 것이 저렴한지, 소비자는 어떤 제품을 원하는지 꼼꼼히 생각해봤어."

"그래서요?"

"먼저 책을 파는 거야. 한 번의 클릭만으로 원하는 책을 주문해서 집에서 받아볼 수 있게 하는 거야. 일종의 전자상거래이지. 그에 필요한 제품 확보와 배송 시스템에 어떤 문제가 있는지도 철저하게 준비했어."

"그 분야는 당신이 전문가이니 아무 걱정이 없어요. 하지만 시스템을 구축할 자금은 있나요? 회사 이름은 정했나요?"

"자금은 지금부터 모아야지. 이름은… 아마존이 어떨까 싶어."

"아마존이요? 브라질에 있는?"

"그래, 맞아. 아마존 정글은 남아메리카 아홉 개 나라에 걸쳐 있는 세계 최대의 열대우림지역이지. 지구 살림의 30퍼센트를 차지하고 있어. 거대한 물줄기를 자랑하는 강물과 하늘을 찌를 듯이 솟은 나무로 가득한 그곳은 아직까지도 많은 것이 비밀로 남아 있는 신비의 공간이야. 이루 헤아리기조차 어려울 만큼 수많은 생명이 사는 아마존 정글처럼 인터넷을 사용하는 소비자들에게 다양한 제품을 소개하고 싶어. 일반 서점에서는 좀처럼 찾을 수 없는 책도 우리 아마존에 오면 찾을 수 있다는 것을 알리고 싶어."

"근사한데요."

"지금은 사람들이 아마존을 밀림으로 생각하겠지만 몇 년 후에는 '아마존' 하면 인터넷 서점과 쇼핑몰을 생각하게 될 거야."

시애틀에 도착한 부부는 차고를 얻었다. 그리고 주변 친척과 친구들에게 창업자금을 빌렸다. 모두 200만 달러의 창업자금을 모은 그들은 1995년 7월 대망의 아마존 서비스를 개시했다. 정식 오픈 날 제프 베조스는 다음과 같은 연설을 했다.

"사람들이 온라인에서 원하는 것은 무엇이든 제공하는 기업. 지구상에서 가장 고객을 중시하는 기업이 되자."

이 말은 곧 아마존닷컴의 사명 선언문이 되었다. 하지만 곧 위기가 찾아왔다. 원래 서적 유통 전문가들은 그에게 30만 권을 가지고 아마존을 시작하라고 조언했다. 하지만 제프 베조스는 2백만 권이라는 어마어마한 규모를 가지고 책을 판매했다. 이로 인해서 재정적인 어려움이 컸지만 세상에서 가장 큰 서점이라는 평판을 얻을 수 있었다. 일반 서점에서 구하기 힘든 책도 아마존에 있다는 입소문이 퍼지자 하루가 다르게 아마존의 명성이 쌓여갔다.

"꿈을 실행하지 않으면 후회할 것이다. 하지만 철저한 분석과 검증 없이 한다면 더욱 후회할 것이다."

무모한 시작이었지만 세계 최고라는 타이틀을 얻은 덕분에 아마존은 전 세계 160개국으로부터 주문을 받을 정도로 급성장하게 된다.

아마존닷컴은 1995년에서 2000년까지 매해 200퍼센트가 넘는 성장률을 기록하면서 제프 베조스는 인터넷 최고 거상으로 떠올랐다.

"많은 사람이 아마존에 몰리는 것은 아마존의 책값이 싸거나 구입하기 쉬워서가 아니라 그것이 '아마존'이기 때문이다."

급기야 1999년 〈타임〉지에서는 그를 '올해의 인물'로 선정했고 그의 재산은 100억 달러가 넘어서며 미국에서 열아홉 번째 갑부로 등극하게 된다. 하지만 인터넷 붐 붕괴가 본격화된 2000년대에 들어서자 아마존닷컴 역시 심각한 위기론에 휩싸인다. 특히 세계적인 투자은행인 리먼 브라더스는 1년 안에 아마존닷컴이 망할 것이라고 단언하기까지 했다. 왠만한 비관론에는 신경쓰지 않던 낙천적인 성격의 제프 베조스도 위기감에 사로잡혔다.

'이대로 무너질 순 없어. 아니, 결코 무너지지 않을 거야.'

하지만 보고서가 발표된 지 일주일 만에 주가가 19퍼센트나 급락했다. 마침 회사의 성장세는 둔화되었고 불어나는 재고로 인해서 적자가 기하급수적으로 불어났다. 100달러에 이르던 주식은 6달러까지 곤두박질쳤다. 한때 100억 달러에 이르던 그의 재산도 2002년에는 15억 달러로 줄어들었고 아마존닷컴은 바람 앞의 등잔불과도 같은 운명이 되었다.

"오늘부터 아마존닷컴은 생존을 위한 비상 경영체제로 돌입한다!"

제프 베조스는 2001년 1300명에 이르는 직원을 해고하고 사업다각화를 시도했다. 책만 파는 회사가 아니라 장난감에서부터 보석 그리고 컴퓨터와 휴대폰 같은 전자제품까지 파는 종합 인터넷 쇼핑몰로의 변신이었다. 처음에는 인터넷 서점이라는 강력한 브랜드가 약화된다는 우려의 목소리가 있었지만, 인터넷 만물상으로의 변신은 완벽하게 성공을 거두었다. 제프 베조스는 어려움 속에서도 끝까지 네 가지의 원칙을 지켰다.

"첫째, 고객을 먼저 생각하는 것. 둘째, 원하는 결과물을 얻을 때까지 끊임없이 창조하고 또 창조하는 것. 셋째, 장기적인 시각으로 바라보는 것. 넷째, 언제나 처음처럼의 마인드를 갖는 것."

 부자처럼 생각하고 부자처럼 행동하라

"인생의 100가지 문제 중에 99가지 문제의 해답은 바로 돈에 있다."

미국의 경제 전문지 〈포브스〉 창업자인 말콤 포브스의 말이다. 그는 편집부의 만류에도 불구하고 '부자리스트'를 만들어 소위 대박을 터뜨렸다. 이를 계기로 매년 세계 부자 순위를 발표하고 있다.

부자가 되고자 하는 열망을 갖는 것은 나쁜 일이 아니다. 정상적인 사람이라면 그러한 욕망을 가질 수밖에 없다. 따라서 부자가 되는 지혜와 비결에 관심을 갖는 것 역시 당연한 일이다. 부자가 되기 위한 첫 번째 단계는 원하는 것을 계속하여 철저하게 생각하는 습관이다. 대부분의 사람이 가장 싫어하는 일 중에 하나는 지속적으로 꾸준하게 사고하고, 실천하는 것이다.

  당신이 얻고자 하는 게 있으면 머릿속으로 이미지화시켜라. 그것을 얻고 난 후의 당신 모습을 상상해보는 것도 좋다. 여기서 잊지 말아야 할 것은 우리는 원하는 것을 창조할 수도 있고, 원하는 것을 소유할 수도 있으며, 원하는 존재가 될 수도 있다는 점이다. 인간의 삶은 그가 생각하는 방식이 낳은 결과물이다.

  인도의 총독 대리를 지낸 영국 정치가 리턴은 "돈을 소홀히 대하거나 돈에 대해 함부로 말하거나 행동하지 마라. 돈에 대한 당신의 태도는 곧 당신의 수준이다"라고 했다. 돈에 집착해서도 안 되지만 돈을 소홀히 해서도 안 된다.

......

당신이 높은 곳에 오르려고 하는데
누군가 당신을 밑으로 끌어내리려 한다면
당신의 선택은 두 가지이다.
밑으로 내려가 그와 싸우거나
아니면 그의 손이 닿지 않을 정도로
높은 곳으로 올라가는 것이다.

 생각대로 ⑧ | **아동교육자 마리아 몬테소리**

좋아하는 일을 열심히 하는 것이 휴식을 취하는 것이다

"여자는 왜 안 된다는 거죠?"

로마 대학 의과대학의 학장 사무실에서 앙칼진 한 여자의 목소리가 들렸다. 학장인 바첼리 교수는 차분한 어조로 달래듯이 말했다.

"마리아, 의학은 여자가 감당하기에 힘든 일이야. 고통과 신음하는 사람들의 모습을 봐야 하고, 하루에도 몇 번씩 죽음과 마주해야 하네. 온몸에 피를 묻히고 메스로 생살을 갈라야 돼. 남학생들도 가끔 수술하다가 기절하곤 하네. 고단하고 힘든 일이야."

"그래도 전 사람들을 돕고 싶어요. 죽어가는 사람들도 제 손으로 살리고 싶고 그들 곁에서 함께 숨 쉬고 싶어요."

"자네 뜻이 정 그렇다면 간호사를 해보는 게 어떤가? 힘들고 어려운 일이기 때문에 여자 의학생이 그동안 한 명도 없었던 것 아닌가?"

"바로 그 점 때문에 꼭 의사가 되고 싶어요. 학장님, 제발 허락해 주세요. 전 성적도 우수하고 어릴 때부터 의사가 되는 게 꿈이었습니다. 이대로 포기하지 않을 겁니다."

바첼리 교수가 착잡한 표정으로 말했다.

"유감이네, 마리아."

마리아는 낙심한 표정으로 학장실을 나섰다. 1870년 귀족 출신의 회계사 아버지와 교육자 가정 출신의 어머니 사이에서 태어난 마리아는 어려서부터 머리가 좋고 수학에 뛰어난 재능을 보였다. 당시 여자들에게 가장 좋은 직업은 교사라고 생각했기에 그녀의 부모님은 딸이 교사가 되길 원했다. 그러나 마리아는 전통적인 여성상을 받아들이지 않고 자신이 원하는 삶으로 자신의 인생을 개척해나가고자 했다.

"난 꼭 의사가 될 테야. 여학생이라는 이유로 의대에 들어갈 수 없다는 것은 너무 불공평해."

마리아는 그날부터 이탈리아 국왕과 교황을 만나러 다녔다. 그녀의 끈질긴 설득 때문이었을까? 로마 대학은 그녀의 입학을 허락했다. 이로써 마리아는 이탈리아 최초의 여자 의대생이 되었다. 성적도 우수해 늘 장학금을 탔다. 마리아는 1896년 스물여섯의 나이로 이탈리아 최초의 여의사가 되었다.

'드디어 꿈에도 그리던 의사가 되었구나.'

신경학을 주제로 한 논문을 제출해 피해망상에 관해 연구하는 의학박사가 된 마리아는 그다음 해에 로마 대학 부속병원에서 정신과 교수의 조수가 되었다. 마리아가 처음 맡은 일은 로마에 있는 종합정신병원에 수용된 어린아이들을 방문하는 것이었다. 하얀 가운을 입은 자신의 모습이 신기하고 뿌듯한지 마리아의 입가에는 웃음이 떠나질 않았다.

'드디어 첫 번째 내 환자를 만나는구나.'

당시 이탈리아를 비롯한 유럽에서는 지체장애를 가진 아이들을 치료 대상이 아닌 격리 대상으로 여겼다. 그래서 아이들을 모두 정신병원에 가두었다.

마리아가 병원에 도착해 처음 본 것은 감옥과 같은 방에 죄인처럼 웅크리고 앉아 있는 아이들이었다. 자신의 몸조차 가누지 못하는 아이들은 죄인처럼 머리를 이리저리 흔들며 앉아 있거나 누워 있었다. 방 안에는 손을 사용해서 조작할 수 있는 어떤 장난감이나 도구도 없었다. 벽으로 둘러싸인 텅 빈 공간에 수많은 아이가 운집해 있을 뿐이었다. 그때 이곳을 담당하는 관리인이 그녀 앞으로 다가왔다.

"한심해 보이지 않아요?"

"뭐가요?"

"저 아이들 말이에요. 저 아이들은 동물보다 더 한심스러워요. 먹을 것을 가지고 오면 서로 먹겠다고 뛰어들어 난장판을 만들어놓곤 하지요. 제대로 먹지도 못해요. 옷이나 바닥에 음식물을 흘려 몇 번씩 청소해야 하지요. 저 아이들은 마치 먹기 위해서만 살고 있는 것 같아요."

이 말에 마리아는 큰 충격을 받았다.

"왜 아이들을 저렇게 방치해두는 거죠? 아이들이 불쌍하지도 않아요. 저들도 우리와 같은 인간이에요."

"글쎄요? 여기에서 일주일만 있어보면 생각이 바뀔 거예요."

마리아는 그날부터 의사의 눈으로 아이들을 지켜봤다. 관리인의 말대로 아이들은 먹을 것이 들어오면 죽기 살기로 경쟁했다. 하지만 며칠이 지나자 아이들이 단순히 먹는 것 그 자체보다 손을 사용하여 무엇인가를 표현하려는 갈망이 크다는 사실을 알았다.

'저 아이들은 손으로 무엇인가를 하고 싶은 거야. 놀만한 것이 없으니 빈 그릇이나 빵조각을 가지고 노는 거야. 아이들의 손에 무엇인가를 쥐어줘야 해.'

그러던 어느 날 마리아는 공원에서 한 거지 모녀를 보게 되었다. 마리아는 순간적으로 발걸음을 멈췄다.

"이 불쌍한 모녀에게 먹을 것을 주세요."

구걸하는 어미 옆에서 어린 딸이 헌 보자기 하나를 손에 들고 접었다 폈다 하면서 놀고 있었다. 혼자 중얼거리며 노는 모습이 무심하고 평온해 보였다. 어느 순간 아이의 얼굴에서는 환한 미소와 행복이 보였다.

'역시 아이들에게는 무엇인가를 가지고 놀게 해야 돼.'

마리아는 그날부터 지체장애아들의 교육방법에 대해 연구하기 시작했다. 동료 의사와 사랑에 빠진 것도 이 무렵이었다. 힘들게 아들을 낳았지만 남편은 곧 그녀 곁을 떠났다. 결혼도 하지 않은 채 아이를 낳은 미혼모를 천시하던 당시 풍토 때문에 마리아는 아들을 유모에게 맡겼다. 자신의 아들과 지체장애아들을 생각하니 이대로 있을 수만은 없었다.

'아이들에게 더 나은 세상을 보여줘야 해. 그러기 위해서는 더 많은 공부가 필요해.'

마리아는 다시 대학으로 돌아가 심리학과 철학을 공부해 1905년 로마 대학 인류학 교수로 취임했다. 그리고 2년 후 교수직을 버리고 빈민가에 빈곤층 자녀를 위한 '어린이의 집'^{Casa dei Bambini}을 개설했다.

"이제부터 내 인생은 어른들에게는 알려지지 않은 세계에 바칠 것이다. 그것은 바로 어린이들의 세계이다."

이곳에서 마리아는 가난한 집에서 태어난 두 살에서 여섯 살 난 아이들을 대상으로 교육하게 된다. 정신지체 아동들을 교육하던 방법을 더욱 발전시켜서 정상적인 아이들에게도 적용했는데 그 결과는 예상 밖으로 너무나 훌륭했다. 마리아가 선택한 교육의 요체는 '놀이를 통해 아이가 스스로 배운다는 것'이었다. 실제로 아이들은 작은 물건 하나만 있어도 스스로 만지고 느끼며 스스로의 세계를 만들어 나갔다. 그것은 아이들의 지력을 향상시키고 감각을 풍부하게 만들었을 뿐만 아니라 인성도 교정하는 것을 지켜보게 되었다.

'무조건 아이들에게 주입식으로 가르치는 방법은 안 돼. 아이들의 인격을 존중하면서 아이들의 눈높이에 맞춘 교육이 필요해. 그동안 아이들은 어른들의 가구에 맞춰 살아왔어. 이것부터 바꿔야 해.'

마리아의 노력으로 아이들의 신체구조에 맞는 책상과 의자가 이때 처음 개발되었고 아이들이 흥미로워하는 갖가지 교재도구도 개발되었다. 이를 통해 아이들의 학습 능력은 나날이 발전해갔다. 마리아의 교육성과는 점차 입소문을 타고 세상에 알려지게 되었다. 그리고 그녀가 아이들과 생활하면서 관찰하고 경험한 것을 바탕으로 책을 펴내 이를 널리 알렸다. 그녀의 풀 네임인 '마리아 몬테소리'는 더욱 유명해졌고 이탈리아 여왕이 친히 방문하기도 했다. 마리아 몬테소리가 설립한 어린이의 집과 아이들이 노는 모습을 본 여왕이 감탄하듯이 말했다.

"이건 마치 기적과도 같습니다. 마리아, 당신은 정말 훌륭한 일을 해냈습니다."

그러자 마리아 몬테소리가 대답했다.

"여왕님, 이건 기적이 아닙니다. 어린이들은 내면에 보물을 가지고 있습니다. 단지 발견되기를 기다리고 있을 뿐입니다."

여왕이 고개를 끄덕이자 마리아 몬테소리가 말을 이었다.

"영원히 지속될 평화를 이룩하는 것은 교육이 할 일입니다. 정치가 할 수 있는 것이라고는 우리를 전쟁에서 지켜주는 것뿐입니다."

그 말에 여왕은 환한 웃음을 지었다.

마리아 몬테소리의 명성은 더욱 유명해졌고 이것이 오늘날 몬테소리 교육의 토대이자 출발점이 되었다. 그 후 그녀는 장관급 교육감독관을 10년간 지냈고 1952년 타계하기 전 3년 연속으로 노벨평화상 후보에 올랐지만 선정되지는 못했다. 유로화가 통용되기 전 이탈리아의 1000리라짜리 지폐 속 주인공이기도 했다. 마리아 몬테소리는 후세에 다음과 같은 말을 남겼다.

"좋아하는 일을 열심히 하는 것이 휴식을 취하는 것이다. 당신이 높은 곳에 오르려고 하는데 누군가 당신을 밑으로 끌어내리려 한다면 당신의 선택은 두 가지이다. 밑으로 내려가 그와 싸우거나 아니면 그의 손이 닿지 않을 정도로 높은 곳으로 올라가는 것이다."

휴식은 자신을 되돌아볼 수 있는 좋은 기회

유럽 탐험가들이 원주민과 함께 보물을 찾아 나섰다.
"보수는 넉넉하게 주리다."
탐욕에 눈이 먼 탐험가들은 쉬지도 않고 목적지로 향했다. 그런데 사흘째 되는 날 원주민들이 갑자기 꿈쩍도 하지 않았다. 영문을 알 수 없는 탐험가들은 재촉하듯이 말했다.
"도대체 이유가 뭐요? 돈이 부족합니까?"
그때 원주민의 우두머리가 대답했다.
"우리는 이곳까지 쉬지도 않고 너무 빨리 왔습니다. 우리 영혼이 우리를 따라올 시간을 주기 위해 이곳에서 쉬어야 합니다."
이 이야기는 속도와 효율성을 내세우다 영혼을 상실한 현대인의 모습을 그대로 드러내고 있다. 자신이 하는 일에 영혼이 따르지 않으면 불행해지기 마련이다. 우리는 행복해지기 위해 산다. 불행을 위해 사는 사람은 아무도 없다. 하지만 잊지 말아야 할 것이 있다. 진정한 행복은 이 다음에 이루어야 할 목표가 아니라 지금 이 순간에 존재한다는 것이다. 아무리 바쁜 일이 있더라도 잠시 일을 내려놓고 지금의 자신을 바라볼 수 있는 시간이 필요하다.
"인간은 어떻게 쉬느냐에 따라 그 인생이 달라진다."
에리히 프롬의 충고를 잊지 말고 기억해야 한다.

Chapter 3

우리는 모두
세상에
단 하나뿐인 꽃이다

......

나에게는 하루하루가 도전이었고,
도전이 있다는 것에 감사하면서 그것을 이겨내려고
했기 때문에 지금의 제가 있는 것 같습니다.
전 장애인이지만 정신마저 불구는 아닙니다.
나는 모든 것을 견디고 웃을 수 있을
것이라고 생각합니다. 항상 그래 왔습니다.
당신의 현실이 힘들다면 나를 보세요.

 생각대로 ⑨ | '살아 있는 비너스' 구족화가 앨리슨 래퍼

하루하루의 삶이
도전의 연속이다

2005년 영국의 트라팔가 광장에 한 여인의 조각상이 세워졌다.
"아니, 제게 뭐지?"
"새로운 비너스상인가?"
보면 볼수록 신기한 조각상이었다. 밀로의 비너스상처럼 양팔 없이 어딘가를 응시하고 있는 모습이 매혹적이면서 어딘가 슬퍼 보였다. 카메라를 든 관광객들은 넬슨 탑과 유명한 사자상을 뒤로 하고 그 조각상 앞으로 몰려들기 시작했다.
5미터짜리 이 조각품은 영국인뿐만 아니라 전 세계에서 찾아온 관광객 사이에서 큰 화제가 되었다. 이 작품을 조각한 사람은 영국의 현대미술가 마크 퀸. 작품 이름은 〈임신한 앨리슨 래퍼〉였다. 실제 모델인 앨리슨 래퍼는 당시 임신 9개월이었고 대영제국 국민훈장까지 받은 유명한 화가였다. 훗날 이 조각품은 2012년 런던 패럴림픽 개막전에 다시 공개되었다. 조각품을 가운데 두고 '초인들의 도전'이라는 감동적인 무대가 펼쳐졌고 스티븐 호킹 박사의 "우리는 모두 다르고 표준 인간은 없다. 삶이 아무리 힘들더라도 모든 사람에겐 특별한 성취를 이뤄낼 힘이 있다"는 명연설을 했다.

전 세계인에게 큰 감동을 주었고 장애인들에게는 꿈과 희망을 선사하는 앨리슨 래퍼. 그녀의 삶은 시작부터 순탄하지 않았다.

"으앙!"

1965년 한 여자 아기가 힘찬 울음을 터트렸다. 세상의 축복을 기대하며 태어난 아기는 해표지증이라는 진단을 받았다.

"이 아이는 평생 팔과 다리가 자라지 않을 겁니다."

부모는 절망에 빠졌다. 며칠을 고민하던 부부는 아기를 고아원에 맡겼다. 생명과도 같은 자신의 생명을 버린 것이다.

"이 녀석, 울음소리 한번 우렁차구나."

고아원 원장은 아기를 안고 달래며 말했다.

"너는 귀하게 태어난 생명이란다. 하나님이 널 이 땅에 보낸 이유가 분명 있을 거야. 나와 함께 그 이유를 찾아보자구나."

원장은 아기에게 앨리슨 래퍼라는 이름을 지어주었다. 래퍼는 고아원 원장의 극진한 사랑 속에서 무럭무럭 자라났다. 하지만 의사의 말대로 팔과 다리는 더 자라지 않았다.

"괴물이다. 팔과 다리가 없어."
"너 같은 건 죽어버리는 게 나아."
고아원 아이들은 수시로 래퍼를 놀려댔다. 그녀를 때리고 도망가는 아이들도 있었다. 그럴 때마다 래퍼를 감싸주고 위로해준 것은 고아원 원장이었다.
"이 녀석들 그만두지 못해. 래퍼는 하나님의 특별한 자식이야. 너희들이 자꾸만 래퍼를 괴롭히고 놀리면 하늘에서 큰 벌을 내릴 거야."
래퍼의 하루하루는 생존을 위한 전쟁이었다. 아이들의 놀림보다 더 참을 수 없는 것은 입양을 원하는 사람들의 방문이었다. 다른 아이들은 양부모의 선택을 받아 하나둘씩 고아원을 떠났지만 래퍼는 사람들의 놀란 표정과 충격에 휩싸인 눈동자를 봐야만 했다.
'난 버림받은 인생이야. 이렇게 살아서 뭐 해.'
래퍼는 수차례 자살을 결심했지만 팔다리가 없어 그것조차 행동에 옮기지 못했다. 그렇게 고아원에서 지내던 래퍼에게도 인생의 빛이 찾아왔다. 래퍼에게 청혼이 들어온 것이다.
"평생 당신의 팔다리가 되어주겠소."
래퍼는 이 남자가 자신을 위해 하늘에서 보낸 천사라고 생각했다. 그의 간절한 청혼을 받아들여 둘은 결혼식을 올렸다. 래퍼의 나이 스물두 살의 일이었다.
남편은 약속대로 래퍼를 위해 지극정성을 다했다. 밥을 먹여주고 목욕을 시키고 외출을 도와주는 것은 모두 남편의 몫이었다.
'이 행복이 영원히 끝나지 않았으면 좋겠어.'

래퍼의 바람은 결혼한 지 3개월 만에 끝이 났다. 남편은 점차 퇴근하는 시간이 늦어지더니 하루가 멀다 하고 술을 마시고 들어왔다.

"이게 다 너 때문이야. 팔다리 없는 너 같은 병신에게 콩깍지가 씌인 게 내 실수야."

그렇게 술을 마시고 들어온 날은 남편의 가혹한 폭력에 저항도 하지 못한 채 피가 나도록 맞아야만 했다.

"죽어, 죽어. 차라리 죽어버려. 이제 그만 내 인생에서 사라져줘. 너 때문에 가족도 잃고 친구들도 떠나버렸어."

"여보, 제발 따뜻하고 자상했던 예전으로 돌아와줘요."

"흥! 웃기는 소리 말아. 내가 너와 결혼한 건 사랑이 아니라 동정이었어. 당장 너와 이혼하고 싶어. 얼른 여기에 사인이나 하라구."

하지만 래퍼는 사인하지 않았다. 그럴 때면 남편의 폭력은 더욱 심해졌다. 그렇게 참고 견딘 것은 부모에게 버림받고 힘들게 이룬 가정의 행복을 놓치고 싶지 않아서였다.

'참아야 해. 참고 견디면 남편도 예전처럼 돌아올 거야.'

하지만 그녀의 바람은 이루어지지 않았다. 그렇게 2년간의 가혹한 폭력이 이어졌고 더는 참을 수 없게 된 래퍼는 그가 내민 이혼서류에 사인했다.

남편이 떠난 집에 홀로 남은 래퍼는 또 다시 혼자가 되었다. 그렇게 며칠을 서럽게 울던 어느 날 래퍼는 마음속으로 다짐했다.

'더는 불행을 허락하지 않을 거야. 나는 팔다리가 없다. 하지만 내겐 입이 있어. 입 말고 내가 가지고 있는 것이 있다면 그건 무엇일까?'

래퍼는 그림을 좋아했던 어린 시절을 떠올렸다.

'난 그림을 좋아했지. 내게 붓을 잡을 수 있는 팔과 손은 없지만 입은 있어. 입으로 그림을 그리면 돼. 대학에 가서 그림 공부를 하자.'

그렇게 해서 래퍼는 브라이튼 대학에 입학했다.

어느 날 미술도서관에서 입으로 책장을 넘기던 래퍼 앞에 충격적인 사진이 하나 보였다.

"이건…."

밀로의 비너스상이었다. 그 그림을 보는 순간 자신의 모습을 다시 쳐다보았다. 똑같았다. 밀로의 비너스상은 두 팔이 없이 조각되어 있었다. 그녀는 그 순간 비너스가 되었다. 눈부시게 아름답고 매혹적인 비너스.

"아무도 밀러의 〈비너스〉에 새 팔을 만들어서 붙이려고 하지 않았습니다. 그 조각상은 그 자체로 완벽하다고 여겼습니다."

그때부터 그녀는 그림 작업에 더욱 몰두했다. 잠자는 시간을 빼고는 하루종일 그림만 그렸다. 힘들 때마다 밀러의 비너스를 생각했고 무너지려는 자신을 추스렸다. 그림 그릴 때 가장 행복하고 평화로웠다. 하지만 마음 한구석은 늘 허전했다. 래퍼는 다음날 병원으로 찾아갔다. 의사는 그녀를 보자 웃으면서 물었다.

"우리 아름다운 비너스님께서 오늘은 무슨 일로 오셨나?"

래퍼는 주저하지 않고 말했다.

"선생님, 아이를 가지고 싶습니다."

주치의는 깜짝 놀라 래퍼를 쳐다보았다.

"제발 도와주세요. 아이를 꼭 갖고 싶습니다."

의사는 굳은 얼굴로 입을 열었다.

"그건 안 됩니다. 당신의 목숨이 위험해집니다."

"전 죽지 않아요. 꼭 아기를 낳고 싶습니다."

"무엇보다 해표지증 부모를 가진 아이는 해표지증이 될 가능성이 높습니다. 래퍼, 당신의 아이에게도 그런 유산을 물려주고 싶지는 않겠죠?"

"그 확률이 100퍼센트는 아니잖아요."

래퍼의 바람과 결심은 주치의도 꺾을 수 없었다. 결국 주치의는 그녀의 임신을 도와주었고 래퍼는 임신을 하게 되었다. 아이의 태동이 느껴질 즈음 그녀에게 불행이 찾아왔다. 아기가 유산된 것이다. 하지만 래퍼는 포기하지 않았다.

"유산입니다."

두 번째 유산. 그리고 세 번째, 네 번째도 유산이었다. 그럴수록 래퍼의 집념은 더욱 강해졌다. 그리고 네 번의 유산 끝에 다섯 번째 도전에서 소중한 아들을 얻었다.

"아가야, 이제부터 너의 이름은 패리스 래퍼야. 엄마와 함께 행복하게 살자."

래퍼는 입으로 젖병을 물려 아기에게 물렸다. 입으로 기저귀를 갈고 입으로 이유식을 만들었다. 아이를 데리고 밖으로 나갈 때는 입으로 아이를 들어 유모차에 앉힌 후 걸어갔다.

"내가 원하는 삶을 제한하는 것들을 난 강하게 거부해왔다. 사람들이 어떻게 생각하든 나도 다른 사람들처럼 인생을 충만하게 살 수 있다고 믿었다. 사람들이 나에게 무엇인가를 할 수 없다고 말할 때마다 오히려 그 말이 틀렸다는 것을 증명하겠다는 의지가 굳어졌다. 내가 일반인과 다른 점이 있다면 원하는 것을 달성하기 위해 그들보다 더 열심히 노력해야 한다는 것이다."

어느 날 한 기자가 그녀에게 물었다.

"당신의 신체적 장애를 극복할 수 있었던 가장 큰 요인은 무엇이었습니까?"

앨리슨 래퍼가 웃으면서 대답했다.

"내적으로 강인함을 타고난 것 같습니다. 나에게는 하루하루가 도전이었고, 도전이 있다는 것에 감사하면서 그것을 이겨내려고 했기 때문에 지금의 제가 있는 것 같습니다. 전 장애인이지만 정신마저 불구는 아닙니다. 나는 모든 것을 견디고 웃을 수 있을 것이라고 생각합니다. 항상 그래 왔습니다. 당신의 현실이 힘들다면 나를 보세요."

우리는 세상에 단 하나뿐인 꽃이다

국내에도 수많은 팬을 거느리고 있는 일본의 인기 스타 기무라 타쿠야는 그룹 SMAP의 멤버이기도 하다. 그들의 싱글앨범 중 가장 많이 팔린 것은 〈세상에 하나뿐인 꽃〉이다. 이 노래에는 이런 멋진 가사가 나온다.

꽃가게 앞에 놓여 있는 여러 가지 꽃을 보고 있었어.
사람마다 각각 취향이 있지만 모두 다 예쁘네.
이 중에서 누가 최고인지 다투는 일도 없이
바구니 속에서 자랑스러운 듯이 꼿꼿이 가슴을 펴고 있어.
그런데 우리 인간은 왜 이렇게 비교하고 싶어하지?

한 사람 한 사람 다른데도 그중에서 최고가 되고 싶어하지?
그래 우리는 세상에 단 하나뿐인 꽃이야.
한 사람 한 사람 각자 다른 씨를 갖고 있어.
그 꽃을 피우는 일에만 열중하면 돼.

노래 가사처럼 사람들은 제각기 다른 꽃씨를 가지고 있다. 그 꽃씨를 가지고 어떤 꽃을 피울 것인가를 선택하는 것은 오직 자신이다. 자신이 자신을 미워하고 실망스러워하면 남들도 똑같이 그렇게 생각한다. 남들에게 사랑받고 존경받으려면 먼저 자신을 소중히 여기고 스스로 자랑스러워해야 한다.

......

인생의 가장 큰 영광은 결코 넘어지지 않는 데
있는 것이 아니라 넘어질 때마다 일어서는 데 있습니다.
여러분이 하는 일에 대해 헌신하고 열정적으로 임한다면
누구나 자신이 처한 환경을 뛰어넘을 수 있으며
성공을 이룰 수 있습니다.

생각대로 ⑩ | 남아프리카공화국 최초의 흑인 대통령 넬슨 만델라

사람이 할 수 있는 가장 아름다운 일은 사랑이다

46664.

'어느덧 27년이 되었구나.'

넬슨 만델라는 창살 밖의 풍경을 보며 깊은 상념에 잠겼다. 그리고 자신의 가슴팍에 새겨져 있는 수감번호를 들여다봤다. 27년 동안 이름 대신 불린 번호였다.

'내년이면 이곳과도 작별이군'

남아프리카공화국의 중죄인 형무소인 로벤 아일랜드에 석양이 아름답게 물들고 있었다. 17세기부터 백인에게 저항하는 흑인의 유배지로 사용되다가 1960년 감옥이 세워진 곳이다. 이곳의 수용자들은 전

부 흑인이었다. 일종의 흑인 전용 교도소 섬이었다.

  넬슨 만델라는 창살을 뒤로 하고 천천히 감옥 가운데로 걸어왔다. 그리고 평소대로 한 편의 시를 낭송하기 시작했다. 27년 동안 하루도 빠짐없이 행한 일이다.

   온 세상이 지옥처럼 캄캄하게
   나를 뒤덮은 밤의 어둠 속에서
   나는 어떤 신들이든 그들에게
   내 불굴의 영혼 주심을 감사하노라.
   환경의 잔인한 손아귀에 잡혔을 때도
   난 움츠리거나 소리 놓아 울지 않았노라.
   운명의 몽둥이에 수없이 두들겨 맞아
   내 머리는 피 흘리지만 굴하지 않노라.
   분노와 눈물의 이승 저 너머엔
   유령의 공포만이 섬뜩하게 떠오른다.
   허나 세월의 위협은 지금도 앞으로도
   내 두려워하는 모습 보지 못하리라.
   상관치 않으리라, 천국 문 아무리 좁고
   저승 명부에 온갖 형벌 적혀 있다 해도
   나는 내 운명의 주인이요,
   내 영혼의 선장이나니.

영국의 시인 윌리엄 헨리의 시 〈인빅터스〉Invictus였다. '굴하지 않는' 혹은 '정복될 수 없는'이라는 뜻을 가진 이 라틴어는 영어 단어 'invincible'의 어원이기도 하다.

'이렇게 또 하루가 저물어가는구나.'

넬슨 만델라는 이 시를 낭송하며 수감 생활 중에도 멈추지 않고 자신이 주장했던 아파르트헤이트 철폐운동과 인권운동에 대해 생각했다. 그리고 두 주먹을 불끈 쥐었다.

'어떠한 장애가 있어도 나는 할 수 있다! 내 가족과 고통받는 흑인을 위해 결코 멈추지 않을 테다.'

넬슨 만델라는 노트에 하루의 일과와 자신의 생각을 적은 후 깊은 잠에 빠졌다. 그렇게 며칠이 지나고 드디어 석방의 날이 다가왔다. 간수들은 그에게 몰려와 최대한 예의를 갖춰 감사 인사를 전했고 수감자들은 넬슨 만델라의 이름을 연호했다. 그는 손을 들어 감사의 마음을 전했다.

"여러분의 뜻을 받들어 꼭 살기 좋은 나라를 만드는 데 최선을 다하겠습니다. 흑인과 백인의 차별이 없고, 좋은 교육과 밝은 미래가 있는 남아프리카공화국을 만드는 데 제 여생을 바치겠습니다."

여기저기서 박수가 터져나왔다. 넬슨 만델라는 46세 때에 수감되어 감옥에서 채소를 가꾸고 권투 연습을 비롯해 여러 운동을 했던 옛일이 생각났다. 매일 세시간씩 꾸준히 운동하는 것을 본 수감자들이 "저 늙은이도 저렇게 열심히 운동을 하는데 젊은 내가 못 하겠느냐"며 함께 운동하던 일도 떠올랐다.

'돌아보면 참 아름답고 의미 있는 나날이었어.'

죽을 뻔한 일도 있었다. 한 수감자가 넬슨 만델라에게 수차례 탈옥 제의를 한 것이다. 그는 구체적인 탈옥 방법과 루트까지 제시했다. 성공확률이 높은 제안이었다. 여러 번 마음이 흔들렸지만 넬슨 만델라는 이에 응하지 않았다.

'시간이 걸리더라도 내 발로 정정당당하게 나갈 거야.'

훗날 이 수감자는 국가에서 보낸 비밀 첩보원으로 밝혀졌다. 만약 넬슨 만델라가 그의 제의에 응해 탈옥하는 날에는 미리 기다렸다가 사살할 계획이었다.

교도소를 나온 넬슨 만델라는 1990년 '다인종 남아프리카' 건설을 위해 전력을 다했으며 1993년 백인 정치인 데 클레르크와 공동으로 노벨평화상을 받았다. 그리고 1994년 5월 10일, 남아프리카공화국의 흑인들은 넬슨 만델라의 대통령 취임 연설을 들으며 새로운 세상이 열렸음에 감동의 눈물을 흘렸다.

"우리는 마침내 정치적 해방을 성취했습니다. 우리는 모든 사람을 가난과 상실, 고통의 노예로부터 해방시킬 것을 스스로 다짐합니다. 결코 이 아름다운 땅에 사람이 사람을 억압하는 상황이 다시는 오지 않도록 합시다. 신이여, 아프리카에 은총을 베푸소서."

백인만 출입하던 유니언빌딩스 정부청사는 그의 취임식을 통해 민주국가 탄생의 상징이 되었다. 최초의 흑인 대통령에 당선된 만델라는 딸의 손을 잡고 등장해 부통령에 당선된 클레르크 전 대통령과 대법원장 앞에서 역사적인 취임 선서를 했다.

'이 순간을 결코 잊지 말고 살아야 돼.'

남아프리카 최초의 흑인 참여 선거에서 대통령이 된 넬슨 만델라는 46년간 지속해온 인종차별정책을 종식시킴으로써 마침내 피로 얼룩졌던 남아프리카에 자유와 평등의 빛을 비추었다. 철저하게 흑백으로 나누어진, 인종 간의 불평등한 사회구조 속에서 태어난 만델라가 자유를 향한 머나먼 여정을 시작한 것이다. 그는 용기야말로 인간이 가진 숭고한 사명이라고 이야기했다. 한 인터뷰에서는 이런 말도 남겼다.

"눈에 보이고 의사가 고칠 수 있는 상처보다, 보이지 않는 상처가 훨씬 아픕니다. 남에게 모멸감을 주는 것은 쓸데없이 잔인한 운명으로 고통받게 만드는 것이라는 걸 나는 알았습니다. 용기란 두려움이 없는 것이 아니라, 두려움을 이기는 것이라는 걸 나는 알았습니다. 지금 기억나는 것보다 더 여러 번 두려움을 느꼈지만, 담대함의 가면을 쓰고 두려움을 감췄습니다. 용감한 사람은 무서움을 느끼지 않는 사람이 아니라, 두려움을 정복하는 사람입니다."

넬슨 만델라는 대통령 재임 기간 동안 진실과 화해위원회[TRC]를 결성하여 용서와 화해를 강조하는 과거사 청산을 실시했다. 인종차별 시절 흑인들의 인종차별 반대투쟁을 화형이나 총살 등의 잔인한 방법으로 탄압한 국가 폭력 가해자가 진심으로 죄를 고백하고 뉘우치면 사면하기도 했다. 또한 피해자 가족의 요청에 따라 피해자 무덤에 비석을 세워줌으로써 아파르트헤이트 시절의 국가 폭력 피해자들이 잊혀지는 일이 없도록 노력했다.

기쁜 일도 있었다. 백인으로만 구성돼 흑인에게 외면당하는 자국 럭

비팀을 국민 대통합의 일환으로 삼아 이듬해 럭비 월드컵에서 우승을 차지하게 한 것이다. 80회 생일을 맞아 그라사 마셀과 세 번째 결혼식도 올렸다.

짧은 임기를 마치고 1999년 대통령 자리에서 물러난 이후에도 만델라는 에이즈, 아동 인권, 아프리카 기아 등 전 지구적인 사회문제 해결을 위해 열정적으로 활동하고 있다. 최근에는 89회 생일을 맞으면서 은퇴한 세계 지도자의 모임인 '세계원로회의'의 출범을 선포하며 다음과 같이 말했다.

"커다란 언덕을 올라간 뒤에도 아직 더 많은 언덕이 남았음을 발견했다. 내가 가야 할 머나먼 여정은 아직 끝나지 않았다. 감히 꾸물거릴 틈이 없다."

넬슨 만델라가 27년간의 수감 생활 중에 18년을 보냈던 로벤 아일랜드는 1999년 유네스코 세계문화유산으로 지정되었고, 저서《자유를 향한 긴 여정》은 뉴욕타임스가 뽑은 '20세기 최고의 책'에 선정되기도 했다. 2003년에는 전립선암 진단을 받았지만 다행히 수술에 성공하기도 했다. 2012년 현재 넬슨 만델라는 95세로 여전히 왕성한 활동을 펼치고 있다.

어느 날 한 기자가 물었다.

"각하, 어디서 그런 정열이 나오십니까?"

넬슨 만델라가 웃으면서 대답했다.

"저는 대단한 인간이 아닙니다. 단지 노력하는 한 노인일 뿐입니다."

"젊은이들에게 한 마디만 해주시겠습니까?"

"젊음은 아름답습니다. 젊은이들은 이 땅의 미래입니다. 한 가지만 명심하십시오. 인생의 가장 큰 영광은 결코 넘어지지 않는 데 있는 것이 아니라 넘어질 때마다 일어서는 데 있습니다. 여러분이 하는 일에 대해 헌신하고 열정적으로 임한다면 누구나 자신이 처한 환경을 뛰어넘을 수 있으며 성공을 이룰 수 있습니다."

남아프리카의 악명 높은 인종차별정책인 아파르트헤이트에 맞서 흑인인권과 인간 평등을 위해 화해와 관용을 선택해 투쟁한 넬슨 만델라. 나이가 무색할 정도로 한결같은 그의 실천 의지는 여전히 많은 이에게 감동을 주고 있다.

용서는 용감한 사람의 현명한 선택이다

"먼저 용서하세요. 남이 용서할 때까지 기다리지 마세요. 용서하는 것은 가장 고귀한 일이며 가장 아름다운 사랑의 모습입니다. 용서의 대가로 당신은 평화와 행복을 얻게 될 것입니다."

전 UN 사무차장보인 로버트 뮬러의 말이다. 그는 요일별로 용서할 것을 제안하며 이렇게 말했다.

일요일에는 자신을 용서하십시오.
월요일에는 가족을 용서하십시오.
화요일에는 친구와 동료를 용서하십시오.
수요일에는 국가의 경제기관을 용서하십시오.

목요일에는 국가의 문화기관을 용서하십시오.
금요일에는 국가의 정치기관을 용서하십시오.
토요일에는 다른 나라들을 용서하십시오.

심장전문의 메이어 프리드먼 박사팀의 연구에 의하면 자신이 받은 상처를 용서하지 못하고 마음에 되새기는 분노와 적개심은 심장병과 밀접한 관계가 있다고 한다. 로버트 홀든은 '용서란 마음속의 분노를 지워버리는 멋진 지우개'라고 했다. 자신에게 상처를 주거나 피해를 준 사람에게 사과를 받으려고 하거나 용서를 기다리지 말고 먼저 손을 내밀어보는 것은 어떨까?

......

우리는 스포츠맨입니다.
결승선은 없습니다.
인생에 영원한 승자는 없습니다.
항상 새로운 승부가 있을 뿐입니다.

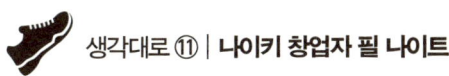

생각대로 ⑪ | **나이키 창업자 필 나이트**

영원한 승자는 없으며
새로운 승부가 있을 뿐이다

　미국 오리건 주 포틀랜드의 한 고등학교 운동장에서 필 나이트라는 이름을 가진 학생이 트랙을 돌고 있었다. 초겨울이라 바람이 선선했지만 필 나이트의 이마에는 연신 땀이 흐르고 있었다. 벌써 스무 바퀴째였다.

　"헉헉."

　숨이 턱 밑까지 차올랐다.

　"벌써 지친 거야?"

　코치가 필을 향해 소리쳤다.

　"아닙니다. 더 뛸 수 있습니다."

필 나이트는 힘을 내서 다시 뛰기 시작했다. 이대로 계속 뛰다가 죽을 수도 있겠다는 생각을 했지만 오기와 인내를 가지고 서른 바퀴를 더 뛰었다. 오십 바퀴를 돌아 다시 뛰려고 하자 코치가 손을 들어 필에게 스톱 신호를 보냈다. 필은 그 신호와 함께 트랙 위에 털썩 주저앉았다.

"어때? 만 킬로미터도 별거 아니지?"

"네. 처음에는 곧 죽을지도 모른다는 생각을 했습니다. 하지만 뛰면 뛸수록 트랙의 거리가 좁아지는 것 같았습니다."

"그래, 바로 그거야. 100미터 선수들은 결코 100미터만을 연습하지 않아. 200미터도 뛰고, 400미터와 1000미터도 뛰지. 무엇보다 육상선수라면 심장이 터져 죽기 전까지 뛰어봐야 해. 그래야 자신의 한계를 알고 그것을 뛰어넘을 수 있어."

"네, 코치님. 명심할게요."

필 나이트는 자신이 뛰었던 200미터짜리 트랙을 천천히 바라보았다. 처음에는 불가능하다고 생각했지만 뛰고 나니 별거 아니라고 생각했다.

'내 마음먹기에 달린 거야. 다음에는 100바퀴에 도전해보는 거야.'

1938년 변호사와 신문 발행인의 아들로 태어난 필 나이트는 그때부터 자신의 한계점을 찾기 위해 뛰고 또 뛰었다. 그렇게 고등학교 생활이 저물고 어느덧 오리건 대학에 진학하게 되었다. 대학에서도 그는 육상선수로 활약했다. 하지만 필 나이트는 열심히 노력하고 성실한 선수였지만 재능 있는 선수는 아니었다.

어느 날 육상 코치였던 빌 보워먼이 그를 호출했다. 빌은 성격이 괴팍하기는 했지만 능력 있고 리더십이 있었다. 무엇보다 선수들이 신는 운동화에 관심이 많았다. 가볍고 질긴 운동화를 신으면 기록을 단축할 수 있기 때문이다. 그는 자신이 직접 운동화를 만들어 학생들에게 나누어주기도 했다.

"필, 자네는 운동보다 공부를 더 해보는 게 어떤가?"

청천벽력 같은 소리였다.

"제가… 재능이 없습니까?"

"자넨 성실하고 인내심도 있네. 하지만 육상은 그것만 가지고 되지 않아. 다른 선수들과 끊임없이 기록 경쟁을 해야 하는 게 육상이라네. 그리고 선택된 사람은 한정돼 있고…."

"하지만 저는 누구보다 열심히…."

"아네. 유망주에게 길을 열어주는 것이 내 임무이지만, 육상 말고도 새로운 길이 많다는 것을 알려줄 의무 또한 내 임무이네. 자넨 머리가 좋고 성실하니 다른 일에서도 분명 성공할 걸세."

필 나이트는 절망에 빠졌다. 뛰는 것이 무작정 좋았지만 코치의 말에도 일리는 있었다. 게다가 졸업을 앞둔 취업 준비생 신분인데다가 후배들은 그보다 더 좋은 성적을 거두고 있었다.

'이제 어떻게 하지?'

필 나이트는 상념에 잠겼다. 그렇게 며칠을 보내던 어느 날 성적표가 집으로 도착했다. A학점이 공란을 가득 채우고 있었다. 그는 육상뿐만 아니라 학업에서도 성실한 학생이었다.

'그래, 안정된 직장을 구하자. 육상은 직장을 다니면서도 얼마든지 할 수 있을 거야.'

필은 대학을 졸업한 후 회계사가 되었다. 그의 생각대로 회계사는 안정되고 수입도 좋았다. 하지만 마음 한구석에는 늘 달리기에 대한 열망이 있었다. 필은 휴일만 되면 운동화 끈을 꽉 조여매고 공원이나 도로를 달렸다. 그럴 때면 세상의 근심과 번민이 모두 날아가는 것만 같았다. 그렇게 달릴수록 한 가지 의문점이 그의 뇌리에서 지워지지 않았다.

'왜 미국 사람들이 독일 운동화를 신어야 하지?'

당시만 해도 미국인들이 신던 운동화는 독일에서 만든 아디다스와 퓨마가 대세였다. 순간 빌의 뇌리에 섬광처럼 번쩍이는 아이디어가 떠올랐다.

'그래. 미국 사람들에게는 미국에서 만든 운동화가 있어야 해. 이제 육상뿐만 아니라 모든 스포츠에도 체형과 지형에 맞는 운동화가 필요할 때야.'

그때부터 필의 가슴속에는 한 가지 목표가 생겼다. 그리고 생각한 것이 있으면 반드시 실천에 옮기는 행동가답게 필은 먼저 이에 대한 공부와 연구를 하기로 했다. 필은 스탠포드 경영대학원에 입학했다. 자료를 모으고 인터뷰를 거쳐 졸업논문을 발표하게 되는데 제목은 〈미국 운동화 시장에서 독일 운동화를 몰아낼 수 있는 방법〉이었다. 논문을 심사하던 교수가 필을 호출했다.

"자네의 논문을 흥미롭게 보았네. 애국심이 넘쳐나더군. 근데 어떻게 독일 운동화를 몰아낼 수 있다는 거지?"

"논문에 적은 그대로입니다. 먼저 품질이 좋고 저렴한 일본 운동화를 수입하는 겁니다. 그렇게 미국의 상표를 달아 판매하게 되면 아디다스나 퓨마와 같은 독일 운동화를 이길 수 있을 겁니다. 그 후…."

필은 자신의 계획을 구체적으로 설명했다. 그의 설명을 다 들은 교수가 물었다.

"자네의 계획은 일리가 있네. 하지만 필, 이론보다 더 중요한 것은 실천이 아닌가? 이 논문은 그저 학위를 받기 위한 것은 아닐 테지. 무슨 구체적인 계획이라도 있나? 이 일을 실행할 기업이나 경영자로 생각해둔 사람이 있는가?"

필 나이트가 미소를 지으며 대답했다.

"아직 없습니다. 이 일이 가능하다는 것을 제가 직접 증명해보겠습니다."

필은 논문이 통과되자마자 육상 코치인 빌 보워먼을 찾아갔다. 그리고 자신의 학위 논문을 내밀며 제안했다.

"빌, 저와 함께 일본에 다녀오지 않겠습니까?"

"갑자기 일본은 왜?"

"운동화 사업을 하려고 합니다. 먼저 일본에서 운동화를 수입한 다음…."

빌 나이트는 자신의 계획을 설명했다.

"자네의 애국심은 충분히 감동적이네. 근데 왜 하필 나인가? 난 그저 대학 육상 코치일 뿐이야. 사업을 해본 적도 없고 관심도 없네."

"하지만 당신에게는 선수들에 대한 애정과 운동화에 대한 열망이 있지 않습니까? 전 당신이 선수들의 운동화를 직접 만드는 것을 봤습니다."

"그건 빠른 스피드를 요구하는 육상 운동화가 하도 무겁고 불편해서 내가 직접…'"

"바로 그겁니다. 그러니깐 우리가 튼튼하면서도 가벼운 운동화를 만드는 겁니다. 미국인에게 가장 잘 어울리는 우리만의 운동화 말입니다."

그들은 '블루 리본 스포츠'라는 회사를 차려 일본의 타이거 사와 수출 계약을 맺었다. 그렇게 수입한 운동화를 주위에서 팔았는데 값싸고 튼튼한 덕분인지 호응이 좋았다. 그들은 차곡차곡 돈을 모으기 시작했다.

"됐어. 이 정도면 우리도 운동화를 만들 수 있는 충분한 시스템이 갖춰졌어."

필은 일본 회사와 계약이 끝날 무렵 자신만의 제품을 생산하기로 결심했다. 그리고 그 사실을 빌 보워먼에게 알렸다.

"축하하네. 드디어 자네 생각대로 되었구만. 근데 브랜드명과 로고는 정했나?"

"브랜드명은 나이키로 할 생각입니다."

"나이키?"

"그리스 신화에 나오는 승리의 여신의 이름이 니케입니다. 나이키는 미국식으로 발음한 것이지요."

"나이키, 좋구만. 스포츠와 잘 어울리는 이름이야. 그래, 로고는?"

"제게 회계학 강의를 듣는 데이비슨이라는 여학생이 있습니다. 이미 그녀에게 부탁해놓았고 며칠 뒤에 첫 시안이 나올 겁니다."

이렇게 해서 나이키와 갈고리 모양의 로고가 탄생했다. 그로부터 12년 뒤 필 나이트가 나이키 브랜드 모양의 다이아몬드 반지와 거액의 회사 주식을 건네며 고마움을 표시하기는 했으나, 이 여학생이 당시 도안의 대가로 받은 돈은 35달러가 전부였다.

그때부터 빌 보워먼은 운동화 만드는 기술을 개발하고 필 나이트는 운동화를 시장에 팔았다. 톰 크루즈가 제작해서 화제를 모은 영화 〈Without Limit〉를 보면 오레곤 대학의 육상코치인 빌 보워먼이 선수들의 체중과 마찰력을 고려해서 집에서 사용하는 와플 기계로 신발 밑창을 만드는 장면이 나온다. 나이키의 와플 모양 밑창은 그때부터 이미 시작된 것이다.

두 사람은 이 재미난 모양의 신발을 차 트렁크에 가득 싣고서 육상 경기가 열리는 곳을 찾아다니며 판매했다. 두 사람의 대담함과 독창성은 곧 주목을 받았고 사업은 불이 붙기 시작했다. 이들은 갈고리 모양의 로고를 선보였고, 다음 해에 유진 시에서 열린 올림픽 미국 대표 선발전에서 처음으로 나이키 브랜드를 출범시켰다.

"우리에게는 더없이 좋은 소식이네."

마침 미국 전역에 달리기 바람이 불었다. 달리기는 육상선수들만 하는 운동이라고 생각했던 사람들이 건강에도 좋다는 것을 알게 된 것이다. 사람들은 너도 나도 달리기 시작했다. 관련 상품 판매도 급증했는데 덕분에 나이키 운동화 판매량도 기하급수적으로 늘어났다. 곧이어 새로운 신제품 '나이키 에어'가 등장하면서 나이키의 명성은 더 높아졌다. 필 나이트는 여기서 그치지 않고 유명 스포츠 선수를 등장시키는 광고를 만들었다. 광고를 본 젊은이들 사이에서 나이키 열풍이 일어났다.

"영웅적인 선수를 숭배하는 팬은 있어도 스포츠 용품을 숭배하는 팬은 없다. 스포츠 용품의 팬을 만들려면 위대한 스포츠 선수가 그 스포츠 용품을 쓰게 하면 된다."

필의 생각은 적중했다. 그는 광고를 통해 나이키의 이미지를 높이는 경영전략을 펼쳐 성공을 거두었다. 세계 최고 수준의 육상선수들이 나이키를 착용하기 시작했고 회사는 탄탄대로를 걸었다. 1972년 올림픽 마라톤 경기 상위 입상자 일곱 명 가운데 네 명이나 나이키 신발을 신었다.

LA올림픽 때는 존 베노잇과 칼 루이스를 포함한 48명의 선수가 나이키 신발을 신고 6개의 메달을 거머쥐었다. 그에 뒤이어 1985년 나이키가 시카고 불스 농구팀의 신인 마이클 조던과 계약을 맺고 '에어 조던' 라인의 농구화 및 관련 스포츠 의류를 생산하기로 했다. 이는 역사상 가장 놀라운 결과를 안겨준 기업 대 개인 간 계약 사례가 되었다.

"우리의 사명은 신발을 판매하는 것이 아니다. 스포츠와 체력을 통해 사람들의 삶을 건강하게 만들고 스포츠의 마법이 계속에서 살아 숨 쉬도록 만드는 것이다."

1980년대가 되자 중산층 시민은 건강에 관심이 많아지면서 매일 아침 열심히 운동하는 편이다. 나이키는 이러한 가정의 소비수준에 맞추어 디자인이 세련되고 기능성이 뛰어나며 비싼 조깅화를 시장에 내놓았다. 이어서 레저용 신발, 어린이 신발, 작업용 신발 등을 적극 생산했다. 현재 나이키의 신발 모델은 500종에 이르며 의류는 그보다 더 종류가 많다. 그리고 여전히 여러 나라에서 해마다 수십억 달러의 매출을 올리고 있다.

'JUST DO IT'

나이키 광고에서 빠지지 않고 등장하는 이 말은 '일단 한번 해봐'로 해석된다. 필 나이트는 이 말을 너무나 좋아했다. 누군가가 사인을 요구하면 자신의 이름 대신 '저스트 두 잇'을 써줄 정도였다.

"우리는 스포츠맨입니다. 결승선은 없습니다. 인생에 영원한 승자는 없습니다. 항상 새로운 승부가 있을 뿐입니다."

포기는 패배자의 변명일 뿐이다

2003년 10월 31일 아침은 베서니 해밀턴^{Bethany Hamilton}에겐 지옥과도 같은 날이었다. 어렸을 때부터 서핑을 시작해 각종 대회에 나가 우승을 차지했던 그녀는 유명 스포츠 브랜드가 스폰서를 해줄 만큼 기대주였다. 이날도 하와이 카우아이 해변에서 가족과 함께 서핑을 즐기고 있었다.

"아악!"

순식간에 일어난 일이었다. 베서니 해밀턴은 상어의 공격을 받고 왼팔의 어깨 아래까지 뜯겨졌다. 간신히 구조된 그녀는 병원으로 옮겨졌지만 혈액의 60퍼센트를 잃었다.

"이 아이는 살아 있는 것이 기적입니다."

의사는 그녀가 받은 정신적인 충격으로 오랜 시간 병상에 누워 있어야 한다고 말했다. 하지만 사고의 충격에도 불구하고 베서니 해밀턴은 한 달 뒤에 다시 서핑을 시작했다.
  2년 뒤에는 전국학생서핑협회의 챔피언이 되었고 자서전 《소울 서퍼》Soul Surfer를 출간해 베스트셀러가 되었다. 이 작품은 2011년 안나소피아 롭과 헬렌 헌트 주연의 영화로도 만들어져 많은 이에게 큰 감동을 선사했다. 영화 포스터의 카피는 다음과 같았다.
  "베서니 해밀턴이 모든 것을 잃었다고 포기했다면 우리는 진정한 챔피언을 만날 수 없었을 것이다."

......
지금이 출발점.
인생이란 하루하루가 훈련이다.
나 자신을 갈고 닦는 훈련의 장이고
실패해도 되는 훈련의 장이며
삶의 감동을 맛볼 수 있는 훈련의 장이다.

생각대로 ⑫ | **일본 변호사 오히라 미쓰요**

꿈이 있으면
절망에서도 탈출할 수 있다

"안녕하세요, 제 이름은 오히라 미쓰요입니다. 전 어린 시절 비행소녀였고 할복자살을 기도했으며 야쿠자의 아내로 살았습니다. 호스티스 생활도 했습니다. 하지만 지금은 변호사가 되었고 오사카에서 소년사건 전담 변호사로 활약하고 있습니다. 원조교제와 마약복용으로 소녀원에 왔던 한 소녀가 제 강의를 듣고 편지를 보내왔습니다. 지난날을 되돌아보고 못 했던 공부도 하면서 세무사가 되고 싶다고요. 그리고 몇 년 후 그 소녀는 그 약속을 지켰습니다. 여러분도 이곳이 마지막 나락이 아니라 새로운 목표를 세울 수 있는 꿈의 공장이라고 생각하십시오."

2001년 한국을 방문한 오히라 미쓰요가 한국 소녀원에서 특강을 열었다. 그의 강의가 끝나자 우레와 같은 박수가 쏟아졌다. 아이들의 눈에서 하염없이 눈물이 쏟아졌다. 강의를 마친 그녀는 아이들과 일일이 악수를 하고 포옹을 했다.

"감사합니다."

"힘을 내주세요."

"절망에 빠질 때마다 저를 생각하세요."

유창하지는 않지만 더듬거리는 말투의 한국어로 아이들에게 말하자 옆에 있던 통역사가 신기하다는 듯이 쳐다보았다. 오히라 미쓰요가 웃으면서 입을 열었다.

"한국 소녀원에서 강의한다고 해서 한 달 전부터 한국어를 공부했습니다."

그때 불량끼 가득한 한 소녀가 오히라 미쓰요의 앞으로 다가왔다. 미쓰요는 평소대로 악수를 하려고 손을 내밀었다. 그때 소녀의 손등에 작은 문신이 눈에 띄었다. 소녀는 부끄러운 듯 한쪽 손으로 얼른 손등을 감쌌다. 오히라 미쓰요는 숨겨진 소녀의 손을 부드럽게 잡아끌며 입을 열었다.

"부끄러워 마세요. 제 등에는 당신보다 백 배나 더 큰 문신이 있어요. 그래도 절망하지 않고 열심히 살잖아요. 그러니깐 당신도 열심히 사세요. 의미 없는 생명은 없습니다."

오히라 미쓰요의 격려에 소녀는 하염없는 눈물을 흘렸다. 오히라 미쓰요도 소녀의 눈물을 보자 자신의 어린 시절이 생각나 뜨거운 눈물을 흘렸다. 둘은 서로를 꼬옥 껴안았다. 그리고 불행의 시작이었던 중학교 1학년 시절을 떠올렸다.

그때 미쓰요는 친구 세 명의 배신으로 반 아이 전체에게 왕따를 당했다. 하지만 왕따보다 평생을 함께할 거라고 생각했던 친구들의 배신이 더욱 가슴 아팠다. 아이들에게 심한 욕을 듣고 발로 차이고 머리채를 잡힐 때마다 증오심이 일었다. 참다못한 미쓰요가 선생님에게 이같은 사실을 알렸다.

"친구들과 마음을 터놓고 친하게 지내보도록 노력해봐. 사소한 다툼은 너네 나이 땐 늘 있는 법이니깐. 그리고 이렇게 내게 와서 고자질을 하면 더욱더 아이들에게 왕따당할 테니 조심하고."

미쓰요는 절망에 빠진 나머지 자살을 결심했다. 선생님마저 자신을 보호해주지 않으면 누구도 자신을 지켜주지 못할 것이라는 절망에 빠졌다. 미쓰요는 그날 집으로 돌아와 칼을 들어 자신의 복부를 찔렀다. 곧이어 병원으로 옮겨지고 수술을 받았다. 간신히 목숨은 건졌다. 며칠 후 학교로 돌아온 그녀는 아이들에게 더욱 심한 말을 들어야만 했다.

"병신. 제대로 죽지도 못하는 년!"

미쓰요의 분노는 힘없고 가엾은 어머니를 향했다.

"내가 이렇게 된 건 전부 네 탓이야. 애초부터 나를 낳지 말았어야지. 나는 태어난 것부터가 잘못이야. 네 잘못된 선택이라구."

미쓰요는 어머니를 향해 침을 뱉었다. 머리채를 움켜잡고 그 자리에 내동댕이쳤다. 발로 마구 찼다.

"제발 그만해!"

"듣기 싫어. 이 마귀 할멈아! 날 다시 뱃속으로 집어넣어줘!"

미쓰요는 울면서 애원하는 어머니에게 더 심한 발길질을 해댔다.

그때부터 미쓰요는 마약과 혼숙을 일삼는 폭주족과 어울려 다니며 비행소녀로 전락했다. 열여섯 살 때는 야쿠자 보스와 결혼하기도 했다. 그리고 온몸에 문신을 새기고 호스티스로 일했다. 수많은 남자가 그녀를 옆에 앉히고 싶어했다.

"역시 어린년이라 탱탱하군."

남자들은 스무 살도 채 되지 않은 미쓰요를 자신들의 성적 노리개로 마구 대했다.

'이게 아니야. 이건 내가 원하던 삶이 아니야.'

절망의 세월이 흘렀다. 하루하루가 지옥과도 같은 삶이었다. 그동안 자살도 몇 차례 더 시도했지만 생명은 생각보다 질겼다. 그러던 어느 날 미쓰요는 양아버지인 오히라 히로사부를 만났다. 그녀의 나이 스물세 살 때였다. 이때부터 미쓰요는 새로운 삶을 살기로 결심했다. 이 기회를 놓치면 평생 이렇게 살 것만 같았다.

"아버지, 저 공부하고 싶어요."

"그래, 무슨 공부를 하려고 하니?"

"변호사가 될 거예요. 그래서 저처럼 절망에 빠진 아이들의 친구가 되어 그들에게 새로운 삶을 살 수 있게 만들 거예요. 도와주실 거죠?"

그때부터 미쓰요는 변호사 시험에 전력을 다해 매달렸다. 훗날 그녀는 자신의 자서전인 《그러니까 당신도 살아》에서 그때의 상황을 다음과 같이 서술했다.

"나를 절망의 수렁에서 건져준 것은 목표였다. 나를 무시했던 사람들, 나를 왕따시켰던 사람들에게 번듯하게 잘사는 모습을 보여주기 위해 이를 악물었다."

한자도 제대로 못 읽었던 미쓰요는 그날부터 공부에 매진하기 시작했다. 먼저 사법서사 자격시험에 합격하고 통신대 법학부를 졸업한 후 스물아홉 나이에 일본 사법시험에 합격했다. 그리고 자신의 바람대로 비행 청소년 전문 변호사로 활동했다. 아이들을 만나 이야기를 들어주고 든든하고 믿음직한 친구가 되어주었다. 아이들은 자신의 마음을 훤히 들여다보고 있는 미쓰요에게 그동안의 고통과 괴로움을 하나하나씩 털어놓기 시작했다. 미쓰요가 그토록 원하던 삶이 시작된 것이다.

하지만 곧이어 불행이 닥쳐왔다. 친아버지가 돌아가셨다는 연락이 온 것이다. 그녀는 서둘러 고향으로 향했다. 벌써 많은 친지가 모여 있었다. 미쓰요는 편안한 얼굴로 누워 있는 아버지에게 다가갔다. 그리고 아버지를 향해 입을 열었다.

"아빠, 다시 태어난다면, 다시 한 번 아빠 딸로 태어나도 돼? 다시는 슬프게 만들지 않을 테니까…."

하지만 아빠는 말이 없었다. 땅을 치고 후회해도 아버지는 눈을 뜨지 않았다. 비록 목표는 이뤘지만 아버지가 돌아가시고 과거의 잘못된 생활 때문에 맹장과 간에 문제가 생겼다. 문신 때문에 의사들에게

'오래 살 수 없다'는 말도 들었다. 그녀는 다시 절망에 빠졌고 죽음을 생각했다.

"정말로 못 견딜 정도로 괴로울 때, 그 고통으로부터 해방되기 위해 한 번쯤은 죽고 싶다는 생각을 하게 되는 건 어쩔 수 없는 일인지도 모릅니다. 그렇지만, 당신이 만약 그렇다면, 아무리 그렇더라도 잠시 멈춰주세요. 지금의 이 고통은 영원히 지속되는 게 아니니까요. 반드시 돌파구를 찾을 수 있을 것입니다. 아무쪼록 그날이 올 때까지 어떻게 해서라도 자기 자신의 하나밖에 없는 목숨만은 소중히 지켜주시길 바랍니다. 아무쪼록 자신의 생명을 함부로 취급하는 일만은 하지 말아주세요. 제발 죽음을 선택하는 어리석은 짓만은 하지 말아주세요."

그때 그녀를 구해준 것은 일 때문에 자주 만난 동료 변호사였다. 그들은 서로 사랑에 빠졌고 재혼했다. 며칠 후 병원을 다녀온 미쓰요가 남편에게 말했다.

"여보, 저 임신이래요."

미쓰요가 마흔두 살 때의 일이다. 부부는 서로 손을 잡고 크게 기뻐했다. 아이는 그들에게 큰 축복이자 행복이 되었다. 하지만 미쓰요에게는 또 다른 아픔이 기다리고 있었다.

어느 날 미쓰요에게 의사가 전화를 걸어왔다. 의사는 애써 침착한 목소리로 말했다.

"부인, 검사를 한 번 더 해봐야겠습니다."

"무슨 일이라도 있어요?"

"아이에게 다운증후군 증세가 포착되었습니다. 좀더 정밀한 조사를 받아야 할 것 같습니다."

그날 밤 미쓰요는 남편에게 이 사실을 말했다.

"제 잘못이에요. 어릴 때 마약과 술에 빠져 살았어요. 몸도 함부로 굴렸죠. 마흔두 살 먹은 제가 아이 욕심을 낸 게 화근이에요. 하늘이 제게 벌을 내리시는 거라구요."

그때 미쓰요의 머릿속에는 철없던 어린 시절 어머니를 향해 퍼부었던 폭언과 폭력이 떠올랐다. 되돌릴 수만 있다면 타임머신을 타고 가서라도 그 말을 취소하고 싶었다. 그 순간 미쓰요가 무엇인가를 결심한 듯 입을 열었다.

"여보, 전 이 검사를 받지 않겠어요."

"그게 무슨 소리야?"

"다운증후군이라고 판명나면 어떻게 하죠? 유산을 시킬 건가요?"

"…."

"전 아이가 다운증후군으로 태어나도 하늘에 감사하며 키울 거예요. 제게는 자식을 선택할 권리가 없어요. 이게 만약 하늘의 뜻이라면 따를 거예요. 태어나기도 전에 장애인인지 아닌지 판별해서 아이를 선택할 수는 없어요. 그건 우리 아이에게 해서는 안 될 가혹한 선택이에요. 저는 절대로 그럴 수 없어요."

미쓰요는 자신의 의지대로 검사를 받지 않고 아이를 낳았다. 예쁜 딸이었다. 의사의 예상대로 아이는 다운증후군을 안고 태어났다. 하지만 더욱 심각한 문제가 아이에게 있었다.

"우리 하루카가 살 수 있을까요?"

"최선을 다해보겠습니다만…."

미쓰요의 딸 하루카는 태어나자마자 백혈병에 걸렸다. 게다가 심장에는 두 군데나 구멍이 뚫려 있었다. 미쓰요는 그날부터 사무실에 출근하지 않고 하루카의 곁을 지켰다. 아이를 볼 때마다 먼저 세상을 떠난 아버지와 자신이 그토록 깊은 상처를 주었던 어머니의 얼굴이 자꾸만 어른거렸다.

"하루카, 꼭 살아줘. 엄마가 이렇게 두 손 모아 간절히 기도할게. 제발 엄마의 기도를 들어주렴."

미쓰요의 기도가 통했을까? 하루카는 기적적으로 살아났다. 미쓰요는 다운증후군 딸을 가진 것을 결코 부끄럽게 생각하지 않았다. 도리어 하루카가 커가는 모습을 기록해서 책도 내고 함께 방송에도 출연했다. 무엇보다 바쁜 인생길에서 잠시 여유로운 삶을 살게 해준 큰 선물이라고 생각했다.

"당신의 잘못된 과거가 후회스럽지 않습니까?"

어느 날 한 기자가 미쓰요에게 질문했다.

"후회스럽죠. 하지만 지금까지의 일을 전부 지워버리고, 아무 일도 없었던 듯이 시치미를 떼고 사는 건 옳지 않은 것 같아요. 과거에 내가 저지른 일들은 그대로 평생 짐 지고 가야죠. 그걸 등에 진 내가 이 세상에 도움이 될 일은 없을까, 그렇게 생각했어요. 그래서 지우지 않고 있었어요."

미쓰요와 그녀의 딸은 현재 일본에서 행복하게 살고 있다. 출간하는 책마다 베스트셀러가 되고 청소년 문제가 발생하면 가장 먼저 언론에서 찾는 게 바로 미쓰요이다. 무엇보다 그녀는 자신의 목표이자 꿈이고 소명이었던 비행 청소년들의 든든한 친구이자 후원자이기도 하다. 미쓰요는 자신의 저서에서 이렇게 말했다.

"지금이 출발점. 인생이란 하루하루가 훈련이다. 나 자신을 갈고 닦는 훈련의 장이고 실패해도 되는 훈련의 장이며 삶의 감동을 맛볼 수 있는 훈련의 장이다. 지금의 행복을 기뻐하지 않는다면 언제 어디서 행복해지려 하는가? 이 기쁨을 발판 삼아 힘껏 나아가자. 나 자신의 미래는 지금 이 순간 여기에 있다. 지금 여기에서 노력하지 않는다면 그 노력은 언제 할 것인가?"

 절망이란 어리석은 자들의 결론이다

"나는 부모님 앞에서 포승줄을 메고 수갑을 찼다. 어머니는 실신하셨고 아버지는 눈가가 촉촉해졌다. 그때 눈물이 나왔다. 부모님은 내가 가는 모습을 계속 보고 계셨다."

열일곱 살의 강동철^{용감한 형제들}은 고교 시절 자신의 꿈을 정했다. 싸움을 잘했던 그는 조폭이 되어 자신을 깔보고 무시했던 이들에게 복수하고 싶었다. 하지만 부모님의 눈물을 보는 순간 자신의 삶을 다시 한번 돌아보게 되었다. 2년의 보호관찰을 받는 순간 그는 겁도 많이 났고 혼자인 것 같아 외로움도 많이 느꼈다.

'내가 왜 인생을 이렇게 살고 있을까?'

그때부터 그는 달라졌다. 평소 좋아하던 음악을 시작했고 YG엔터

테인먼트 소속의 작곡가 겸 프로듀서로 활동했다. 그리고 2008년 브레이브 엔터테인먼트를 설립한 그는 손담비의 〈미쳤어〉, 〈토요일밤에〉와 빅뱅의 〈마지막 인사〉, 브라운 아이드 걸스의 〈어쩌다〉, 애프터스쿨의 〈너 때문에〉 등 히트곡을 작곡했다. 그밖에 세븐, 김동완, 배슬기, 이승기, 조성모, 코요테, 씨스타, 태양에게 곡을 주어 '히트곡 제조기'로 불렸으며 참여한 앨범의 총매출액이 100억에 달한다. 폭력 전과 12범이 성공한 작곡가로 바뀐 것이다.

키에르 케고르는 "절망은 죽음에 이르는 질병이다"고 말했다. 지금 만약 당신이 지옥의 터널을 지나고 있다면 계속 전진하라. 하지만 주저앉거나 절망하지 마라. 절망은 어리석은 자들의 결론이다.

Chapter 4

평범한 것에 자신만의 이름표를 붙여라

......

영원한 것이 어디 있는가.
모두가 한때일 뿐.
그러나 그 한때를 최선을 다해
최대한으로 살 수 있어야 한다.

생각대로 ⑬ | 무소유를 몸소 실천한 법정 스님

삶은 소유물이 아니라 순간순간의 있음이다

 '사상과 이념이 무엇이기에 같은 형제와 겨레끼리 물고 뜯으며 피를 흘려야 하는가?'

 한반도의 서남단인 해남에서 태어난 박재철은 유달산 자락에서 꿈 많은 청소년 시절을 보냈다. 하지만 6.25전쟁은 그의 정신을 혼란스럽게 만들었으며 고뇌로 방황하게 했다.

 '이곳에서 얼른 벗어나고 싶어!'

 한 핏줄이자 같은 이웃끼리 총부리를 마주 대고 미쳐 날뛰던 모습이 자꾸만 생각났다. 머릿속에서 지우려고 하면 할수록 그 기억은 더욱 선명하게 살아났다. 그런 날이면 꼭 악몽을 꾸었다.

'똑같은 꿈을 또 꿨었구나.'

어릴 적부터 감수성이 예민하고 글쓰기에 재주가 있었던 박재철은 고등학교를 졸업하고 전남대 상과대학에 들어갔다. 처음에는 학교생활에 잘 적응하는가 싶었다. 학과 공부도 열심히 하고 읽고 싶은 문학 서적도 많이 읽었다. 하지만 그의 번민과 고뇌는 3학년이 되자 더욱 거세게 타오르기 시작했다. 결국 그는 스물네 살에 출가를 결심하고 학교문을 나섰다. 싸락눈이 내리는 어느 추운 겨울날이었다.

'이곳으로부터 최대한 멀리 가야 해.'

오대산을 최종 목적지로 정한 박재철은 먼저 서울역으로 향했다. 하지만 폭설로 교통이 두절되었다는 소식을 접하고 때를 기다렸다. 어느 날 평소 알고 지내는 스님이 찾아와 그의 손을 잡았다.

"자네와 함께 꼭 가볼 곳이 있네."

"그곳이 어딘가요?"

"가보면 알게 될 걸세."

스님의 손에 이끌려간 그는 안국동에 있는 선학원에 도착했다.

"지금 이곳에는 효봉 스님이 계신다네. 스님의 법문을 들어보고 직접 만나보면 자네에게도 도움이 될 걸세."

훗날 조계종 종정이 된 효봉 스님은 원래 판사였다. 판사로 재직할 때 한 죄수에게 사형을 선고한 적이 있었다. 하지만 나중에 진범이 잡히자 그는 번뇌에 사로잡히기 시작했다. 자신의 오판으로 무고한 사람에게 사형을 선고함으로써 엉뚱한 생명을 앗아간 것에 대한 죄책감이었다. 그는 판사라는 직을 과감히 버렸다. 그리고 자신의 마음이 흔들

릴까봐 처자식에게도 알리지 않고 출가하여 불교에 입문했다.

'효봉 스님의 제자가 되자!'

효봉 선사의 인품에 반한 박재철은 스님의 거처인 통영 미래사로 내려가 배고프고 힘든 행자 시절을 보냈다. 그리고 그해 7월 계를 받아 스님이 되었다.

"이제부터 자네의 승명은 법정(法頂)일세."

판사 출신의 스승이 지어준 승명치고는 의미 있는 이름이었다. 그때부터 청년 박재철은 법정 스님으로 불리게 되었다.

'내가 드디어 스님이 되었구나.'

이날부터 법정 스님은 낡은 거울 하나를 평생 동안 간직하며 살았다. 무소유를 주장하고 실천하며 산 스님이 이 거울만은 결코 놓지 않았다. 훗날 옛 도반(함께 도를 닦는 벗)이 법정 스님이 있는 불일암을 찾아갔다. 때마침 그 거울이 보였다.

'법정은 이 거울에 왜 그렇게 집착하는 것일까?'

도반은 법정 스님이 자리를 비운 사이에 호기심으로 거울을 뒤집어 보았다. 거울 뒷면에는 연도와 날짜가 적혀 있었다. 그리고 '처음 삭발한 날'이라는 문구가 적혀 있었다. 도반은 잠시나마 법정 스님을 의심한 자신이 한없이 부끄러웠다. 그날 밤 그 사실을 털어놓자 법정 스님이 온화한 미소를 띠며 말했다.

"나는 내 마음이 해이해지면 이 거울을 꺼내보고는 한다오. 그러면 머리를 깎을 때의 신심이 칼날처럼 일어나고는 한다오."

도반은 법정 스님의 말에 고개를 끄덕일 수밖에 없었다.

어느 날 법정은 평소 알고 지내던 스님이 거처하는 오두막으로 향했다. 날은 덥고 주위에 매미 소리가 요란했다. 법정은 오두막 가까이 가서 스님의 이름을 불렀다. 그런데 스님이 뒷마당에서 천천히 걸어오는 게 아닌가. 법정은 스님에게 물었다.

"스님, 이 더운 날 무얼 하고 계십니까?"

그러자 스님이 대답했다.

"졸음에 빠지지 않으려고 칼로 대나무를 깎고 있었습니다."

법정 스님은 깜짝 놀랐다. 스님은 졸지 않기 위해 그 일을 하고 있었던 것이다. 사선으로 깎은 대나무는 칼처럼 날카롭고 위험했다. 한여름에 그것도 혼자 지내는 거처이니 낮잠을 즐길 수도 있는 일이다. 하지만 졸지 않고 활짝 깨어 있기 위해 스님은 칼로 뾰족한 대나무를 깎고 있었던 것이다. 법정 스님은 큰 충격을 받았다. 그날 밤 스님은 자신의 노트에 이렇게 적었다.

"우리가 마냥 졸음에 빠져 삶을 무가치하게 보내는 것이 방편의 부족에서 오는 것이라고는 생각되지 않는다. 오히려 매 순간 자신을 점검하지 않기 때문이 아니겠는가. 세상과 타협하는 일보다 더 경계해야 할 일은 자기 자신과 타협하는 일이라고 나는 들었다."

법정 스님은 틈나는 대로 자신의 생각을 글로 적었다. 문학청년 출신답게 그의 글은 호소력이 짙고 문장력이 좋았다. 무엇보다 거침이 없고 강한 울림이 있었다. 1970년대 〈불교신문〉 논설위원과 주필을 지내던 법정 스님은 베트남 파병을 비판하는 글을 써서 필화 조짐으로 번지려 하자 스님들이 이를 막으려고 진땀을 흘린 적도 있었다.

1973년《영혼의 모음》을 시작으로《서 있는 사람들》,《무소유》,《말과 침묵》,《산방 한담》,《텅빈 충만》 등을 출간했다. 스님의 책은 출간되자마자 베스트셀러에 올라 수십만 부가 판매되었으며 특히《무소유》는 380만 부 넘게 팔린 초대형 베스트셀러가 되었다. 독자들은 법정 스님의 글에서 한없이 부끄러워지는 자신을 발견하고 반성했다.

"우리는 필요에 의해서 물건을 갖지만 때로는 그 물건 때문에 마음을 쓰게 된다. 따라서 무엇인가를 갖는다는 것은 다른 한편 무엇인가에 얽매이는 것, 그러므로 많이 갖고 있다는 것은 그만큼 많이 얽혀 있다는 뜻이다."

법정 스님의 책은 출간되는 즉시 전국 서점에서 동이 났다. 일시 품절로 책을 구하지 못한 독자들이 서점에 항의전화를 걸어오는 일도 많았다. 명예와 돈을 쫓아 바쁘게 사는 현대인에게 스님의 책은 큰 가르침이자 팍팍한 삶에서 샘물 같이 귀한 생명수였다. 스님의 책은 아직까지도 저자가 성직자와 신앙인인 책을 통틀어 가장 많이 읽힌 책으로 기록되고 있다.

김수환 추기경은 스님의 대표작인《무소유》를 읽고 '이 책이 아무리 무소유를 말해도 이 책만큼만은 소유하고 싶다'고 말했을 정도로 스님의 책을 아끼고 사랑했다. 하지만《무소유》을 비롯한 스님의 저서는 이제 서점에서 찾아볼 수가 없다. 2010년 3월 11일 길상사에서 75세의 나이로 입적한 스님의 유서와 유언 때문이다.

"장례식을 하지 마라. 관도 짜지 마라. 평소 입던 무명옷을 입혀라. 내가 살던 강원도 오두막에 대나무로 만든 평상이 있다. 그 위에 내 몸을 올리고 다비해라. 그리고 재는 평소 가꾸던 오두막 뜰의 꽃밭에다 뿌려라. 내 이름으로 출판되는 모든 책을 더는 출간하지 말라."

법정 스님은 자신이 평생을 몸담은 불교만을 주창한 종교인이 아니었다. 김수환 추기경이 스님이 계신 길상사로 찾아온 것에 대한 답례로 명동성당을 방문해 법문을 강론하기도 했고 천주교 신자인 최종태 서울대 교수가 관음상을 제작해 길상사에 기증하기도 했다. 이 유명한 길상사 관음상은 아직까지도 방문객을 맞이하고 있다. 김수환 추기경뿐만 아니라 이해인 수녀와도 친분이 두터웠다. 이해인 수녀는 한 기고문에서 법정 스님과의 추억을 이렇게 밝혔다.

"암 투병 중인 힘든 순간에도 긍정적이고 밝은 마음을 지니려고 애쓴다. 그중에서 법정 스님의 편지를 읽으며 위안을 얻는다. 그분이 문득 생각날 때마다 법정 스님의 편지글을 다시 읽어본다. 특히 법정 스님이 편지 끝머리에 쓴 '날마다 새롭게 피어나십시오'가 마음에 와닿는다."

이들의 허물없는 종교 간의 교류는 사람들에게 큰 감동을 주었다. 종교간 화합의 상징이자 진정한 종교인의 모습을 보여준 것이다. 법정 스님은 한 법회에서 이런 말도 했다.

"나의 이웃이 바로 부처이며 예수님이며 천주님입니다. 이 모두 하나의 뿌리에서 갈라져 나온 여러 가지이지요. 불교를 배우는 것은 자기 자신을 배우는 것이며, 자기를 배우는 것은 자신을 텅 비우는 일이에요. 그래야 모든 사물과 하나가 될 수 있어요. 개체인 내가 전체로 확산되는 것입니다."

평생 초심을 잃지 않고 살고자 했던 법정 스님. 그는 수많은 주옥 같은 글을 써서 많은 이에게 깨우침과 감동을 주었지만, 마지막에는 그것마저 없애버리라는 유언을 남겼다. 법정 스님은 입적하기 전에 출간한 《버리고 떠나기》에서 다음과 같이 적었다.

"삶은 소유물이 아니라 순간순간의 있음이다. 영원한 것이 어디 있는가. 모두가 한때일 뿐. 그러나 그 한때를 최선을 다해 최대한으로 살 수 있어야 한다."

이제 법정 스님의 책은 헌책방에서도 찾을 수 없고 경매 사이트에서 수십만 원 혹은 수백만 원을 줘야 구입할 수 있게 되었다. 하지만 스님이 남기신 말과 글은 인생의 의미를 알고자 오늘도 열심히 살아가는 우리에게 커다란 위안이 되고 있다.

 오늘이 삶의 마지막이라고 생각하라

"오늘이 삶의 마지막 순간이라고 생각하세요. 그러면 항상 최선을 다하는 삶을 살 수 있습니다."

김수환 추기경님의 말이다. 온화하고 인자한 모습에 스스로를 '바보'라는 별명으로 불렀지만 늘 겸손하고 감사하는 마음을 잊지 않았다. 2009년 2월 16일 김수환 추기경님이 선종하자 조문객이 헌화하기 위해 3킬로미터 이상 줄을 이었다. 자신의 각막을 두 사람에게 기증했다는 사실이 보도되자 평소보다 열 배나 많은 사람이 장기 기증을 신청한 일화도 유명하다. 1987년 6월 항쟁 때 학생들이 데모하다 경찰에 쫓기어 명동성당으로 피신했을 때, 그들을 연행하러 온 경찰 간부에게 "학생들을 잡아가려 들어오면 맨 앞에 내가 있을 것이고,

그 뒤에 신부들, 수녀들이 있을 것이오. 우리를 다 넘어뜨리고 난 후에야 학생들이 있을 것이오"라고 말하기도 했다.

하루하루를 누구보다 열심히 살았던 김수환 추기경은 늘 오늘이 삶의 마지막 순간이라고 여겼다. 그건 나약해지고 게을러지는 자신의 정신과 육체를 채찍질하는 한 종교인의 지혜로운 선택이었다.

힘들거나 외로워서 삶이 부질없다는 생각이 들 때 오늘이 삶의 마지막이라고 생각해보자. 내가 절박해지면 더는 하루하루를 의미 없이 보내지 않을 것이다.

……

성공에 있어 가장 힘든 것은
성공을 유지해야 한다는 것이다.
이 분야에서 재능은 하나의 출발점일 뿐이다.
당신은 그 재능을 계속 연마해야 한다.
그렇지 않고 제자리에만 머문다면 언젠가
재능을 구하려 해도 그것은 거기에 없을 것이다.

재능과 성공은
하나의 출발점일 뿐이다

　제2차 세계대전이 한창이던 1942년, 미국의 어느 라디오 프로그램에서 노래가 흘러나오고 있었다. 유명 가수 빙 크로스비Bing Crosby의 달콤하고 부드러운 목소리가 전장을 감쌌다.
　"이게 무슨 노래지?"
　"슬프고 아름다운 노래네. 아, 고향 생각난다."
　"제기랄, 자꾸 눈물이 나네."
　전쟁의 피곤함에 지친 군인들은 참호에 기대어 눈을 감았다. 고향의 아름다운 숲과 들이 생각났다. 어린 시절 마음껏 뛰어놀던 기억과 첫사랑의 아련한 추억, 무엇보다 크리스마스가 되면 온 가족이 모여 앉아 정겹게 대화를 나누며 식사를 하는 풍경이 떠올랐다. 노래는 바람을 타고 병사들의 가슴속으로 흘러갔다.

  꿈 속에 보는 화이트 크리스마스
카드에 적어보내는
방울 소리 들리는 흰눈 쌓인 거리로
썰매는 간다

꿈 속에 보는 화이트 크리스마스
올해도 다시 돌아온
메리 크리스마스 즐거워라
복 주시는 거룩한 이 밤

어빙 벌린 Irving Berlin이 작곡한 〈화이트 크리스마스〉였다. 크리스마스 시즌이 오면 거리에서 가장 많이 들려오는 캐롤송 중 하나인 이 노래는 어빙 벌린이 애리조나의 따뜻한 휴양지에서 작곡한 것이다.
  "이곳에는 눈이 내리지 않아. 하지만 사람들은 늘 눈 쌓인 성탄절을 기대하지. 그들에게 좋은 선물이 될 거야."
  어빙 벌린의 즐거운 상상력으로 태어난 노래는 입소문을 타기 시작했다. 처음에는 그렇게 유명한 노래가 아니었지만 라디오에서 우연히 흘러나온 후부터 전장에 참여한 군인들의 신청 문의가 쇄도하기 시작했다.

"〈화이트 크리스마스〉를 틀어주세요."

"이 노래를 들으면 하루의 고단함이 가시는 것 같아요."

군인들에게 이 노래는 고향의 집과 어린 시절을 추억하게 하는 위로제였다. 노래가 처음으로 라디오 전파를 타기 시작한 1942년 〈화이트 크리스마스〉는 무려 11주 동안 빌보드 차트에서 1위를 차지했다. 그리고 데카 레코드에서 다시 출반되어 1945년과 1946년에도 차트 1위에 올랐다. 그래서 각기 다른 해에 무려 세 번이나 빌보드 차트 1위에 오르는 진귀한 기록을 세웠다. 한 가수가 같은 노래로 세 번이나 차트에 오른 것도 역사상 유일무이했다. 2008년에는 다이애나 왕세자비의 장례식에서 불러 화제가 된 엘튼 존의 〈바람 속에서 타오르는 촛불〉 Candle in the Wind 을 따돌리고 역사상 가장 많이 팔린 싱글 앨범으로 기네스북에 등재되기도 했다.

이 곡을 작곡한 어빙 벌린은 일약 대스타가 되었다. 유대인계 미국인인 그는 러시아 시베리아의 테문에서 태어났다. 네 살 때 미국으로 이민왔지만 곧 아버지가 죽자 온갖 일을 하며 거리를 전전했다. 학교 교육은 엄두도 내지 못했다. 초등학교 2학년을 중퇴한 것이 학력의 전부였다. 하지만 그에게는 꿈이 있었다. 어릴 적부터 음악을 좋아해 돈을 버는 대로 음반과 악보를 사서 모았다.

'언젠가는 꼭 훌륭한 작곡가가 될 거야.'

어빙 벌린은 작곡한 노래를 들고 수시로 음반회사를 찾아갔다. 처음에는 여러 번 퇴짜 맞았지만 그의 재능은 곧 소문났다.

"자네의 노래는 왠지 슬프고 아름답네."

돈이 점점 모이기 시작했다. 어빙 벌린은 사무실을 내고 비서도 두었다. 그리곤 온종일 사무실에 틀어박혀 작곡에 몰두했다.

"비서, 얼른 오선지를 가져오게!"

어빙 벌린이 소리치자 비서가 오선지를 들고왔다.

"어서, 받아적게."

어빙 벌린은 콧소리로 노래를 부르기 시작했다. 그러면 비서는 재빨리 오선지에 음표를 그려나갔다. 정식으로 음악교육을 받지 못해 악보를 그릴 줄 몰랐던 어빙 벌린은 늘 그런 식으로 작곡을 해나갔다.

"어빙 벌린을 한 번 만나보는 게 내 평생 소원이야."

그는 이미 유명인사가 되어 있었다. 수많은 정치인과 기업인, 연예계 종사자들이 그의 사무실로 그를 만나러 찾아왔다. 특히 가수와 영화배우들이 그와 친해지기를 원했다. 마침 미국에 거주하고 있던 찰리 채플린과도 막역한 사이였다. 어느 날 찰리 채플린과 식사를 하며 어빙 벌린이 말했다.

"이보게, 채플린. 자네도 주식을 하게. 내가 자주 식사를 하는 레스토랑의 한 웨이트리스는 주식투자만으로 채 1년도 되지 않아 4만 달러나 벌었네."

어빙 벌린은 주식투자 신봉자였다. 가난하게 자라 돈이 궁했던 어빙 벌린에게 투자를 하면 몇 배의 이익을 안겨주는 주식은 신기루와 같았다. 그는 돈을 벌 때마다 모두 주식에 투자했다.

"나 또한 주식을 수백만 달러어치 갖고 있네. 예상수익만 백만 달러가 훨씬 넘지."

어빙 벌린의 흥분된 목소리를 듣고 있던 찰리 채플린이 말했다.

"이보게. 미국의 실업인구가 지금 얼마인지 아는가? 무려 1400만 명을 헤아리고 있네. 이 상황에서 어떻게 주식시장을 믿을 수 있겠나. 자네도 이쯤에서 주식을 팔고 빠지는 게 좋을 걸세."

그러자 어빙 벌린이 화를 내며 큰소리로 말했다.

"자넨 세상물정을 너무 모르는구만. 돈은 사람이 버는 게 아닐세. 돈은 돈이 버는 것이야!"

어빙 벌린은 크게 화를 내며 그 자리를 떠났다. 하지만 운명의 장난이었을까. 다음날 미국에는 대공황이 찾아왔고 그가 갖고 있던 주식은 깡통이 되고 말았다. 어빙 벌린은 망연자실했다. 주식투자 때문에 한동안 작곡 활동을 소홀히 한 게 한없이 후회되었지만 이미 엎질러진 물이었다.

'탄탄대로일 줄만 알았던 내 인생에 이런 날이 오는구나.'

하지만 어빙 벌린은 긍정적인 사람이었다. 다음날 씩씩한 모습으로 사무실에 출근해서는 비서에게 말했다.

"하하하. 자네와 난 오늘부터 다시 무일푼일세. 오히려 잘된 일이야. 오늘부터는 아무 생각하지 않고 작곡에만 몰두할 수 있게 되었네. 자, 신나게 작업해봄세."

그로부터 그는 1989년 102세로 세상을 떠날 때까지 무려 3000곡을 작곡했으며, 그중 1000곡이 음반으로 제작되었다. 그의 대표곡인 〈화이트 크리스마스〉는 미국과 캐나다에서만 1억 장이 넘게 팔렸으며, 그 후 수많은 노래와 뮤지컬을 작곡했다.

그중에서 〈신이여, 미국을 축복하소서〉God bless America는 지금까지도 미국인의 큰 사랑을 받고 있다. 이 노래는 1918년 미군 캠프가 주둔하던 뉴욕 주 얍행크Yaphank 언덕 아래 펼쳐진 광경을 보고 어빙 벌린이 즉석에서 작곡했다. 하지만 지나치게 장엄하다고 판단해 책상 속에 고이 묻어두었다. 빛을 본 것은 1945년. 제2차 세계대전 종전일에 가수 케이트 스미스에 의해 라디오 전파를 탔는데, 대히트를 쳤다. 이듬해 의회에서는 이 노래를 새 국가로 제정하자는 논의가 있었지만 결국 무산되었다.

미국인이 애국가 다음으로 가장 많이 부르는 이 노래는 셀린 디온을 비롯해 수많은 가수가 불렀다. 특히 2001년 9.11 테러 이후에는 메이저리그에서 6회초가 끝나면 모든 구장에서 울려 퍼지는 국민가요이다. 지금도 이 노래의 국가 제정 논의가 이루어지고 있다. 어빙 벌린에게 이 노래는 자신의 아버지를 받아준 미국에 감사하며 성공한 이주민 청년이 진정으로 써내려간 바람이기도 하다.

어빙 벌린은 애써 모은 돈을 주식으로 다 날리고 빈털터리가 되었지만 다시 일어났다. 그리고 1000곡이 넘는 노래와 〈애니여, 총을 잡아라〉Annie Get Your Gun를 비롯한 수십 곡의 뮤지컬을 작곡한다. 그 후 미국 연예계에서도 막강한 영향력을 행사하며 100세가 넘게 장수하기도 했다. 100세 생일을 맞아서는 뉴욕 카네기 홀에서 그를 위한 축하음악회가 열릴 정도였다. 아이작 스턴, 레너드 번스타인, 프랭크 시나트라, 마릴린 혼, 레이 찰스 등 클래식과 대중음악계의 거장이 총출연하여 그의 장수를 축하했다. 그를 기리는 TV 프로그램과 영화제 등 각종 행사가 연중 내내 기획되어 '미국 대중음악의 창시자'라는 칭호까지 받았다.

주식투자 실패로 어빙 벌린은 값진 교훈을 얻었다. 그건 성공이 인생의 목표가 되어서는 안 된다는 것이다. 그리고 끊임없이 노력하지 않으면 경쟁자들에 의해 언젠가는 뒤로 밀리게 된다는 것이다. 어빙 벌린은 후세에 이런 말을 남겼다.

"성공에 있어 가장 힘든 것은 성공을 유지해야 한다는 것이다. 이 분야에서 재능은 하나의 출발점일 뿐이다. 당신은 그 재능을 계속 연마해야 한다. 그렇지 않고 제자리에만 머문다면 언젠가 재능을 구하려 해도 그것은 거기에 없을 것이다."

 내 안에 숨겨진 진짜 나를 찾아라

"재능이 없다고 말하는 사람은 대부분 별로 시도해본 일이 없는 사람이다."

세계적인 동기부여 전문가이자 베스트셀러 작가인 앤드류 매튜스의 말이다. 사람들은 대부분 자신이 어떤 재능을 가지고 있는지 모른다. 그저 남들이 어떤 일에 대해 칭찬해주면 그게 자신의 재능이라고 착각한다. 독려를 위한 칭찬과 자신이 진짜 가지고 있는 재능을 혼동하면 안 된다. 무엇보다 남들이 제멋대로 그려놓은 테두리 안에서 당신의 재능과 시간을 낭비하지 말아야 한다.

그러기 위해서는 먼저 자신이 하고 싶은 일이 무엇인지 스스로 알아야 한다. 어떤 일을 할 때 시간 가는 줄 모르고 몰입하며 즐거워하는지를 살펴봐야 한다. 어떤 일을 할 때 당신의 입가에 미소가 머물고 행복한 마음이 되는가? 그게 바로 당신의 진짜 재능이 숨겨져 있는 좌표이다. 그건 세상 사람이 규정해놓은 '성공'이라는 범주와 크게 다를 수도 있다.

  당신이 지금 당장 할 일은 마음속의 지시를 따르는 것이다. 다른 이의 눈치를 보거나 세상의 잣대에 현혹될 필요가 없다. 자신의 숨겨진 진짜 재능을 발견하는 것이야말로 행복으로 가는 지름길임을 명심하고 또 명심하라.

......

늘 젊게 살고 싶어도 나이 먹는 것은 피할 수 없습니다.
그러나 몇 살이 되든 정신적으로는 청춘 시절과
마찬가지로 매일 새로운 희망에 부풀며
용기를 잃지 않고 자신의 사명을 이루기 위해
몰두하는 마음으로 살아갈 수 있습니다.

생각대로 ⑮ | 일본의 전설적인 기업인 마쓰시타 고노스케

청춘이란
마음의 젊음이다

"다음은 회장님의 축하 말씀이 있겠습니다."

일본 마쓰시타 그룹의 신입사원 환영회장. 내셔널, 파나소닉, 테크닉스 등의 빅브랜드를 비롯해 산하 570개 기업에 종업원 13만 명을 거느린 거대 그룹의 회장이 단상 위에 올랐다. 그의 이름은 마쓰시타 고노스케. '경영의 신'으로 불리며 일본뿐만 아니라 아시아 나아가 세계적인 기업가 대열에서 빠지지 않는 인물이다. 미국의 대표적인 주간지인 〈타임〉지의 표지를 장식하기도 했고, 삼성 이건희 회장이 가장 존경하는 인물로 꼽기도 했다.

스물세 살이라는 어린 나이에 창업해 아흔네 살에 서거할 때까지

70여 년 동안 마쓰시타 고노스케가 깨달은 기업 경영의 지혜는 오늘날에도 경영자와 직장인이 불황 때마다 참고하는 바이블이 되었다. 그런 마쓰시타가 강당을 가득 채운 신입사원을 향해 자신의 생각을 이야기하기 시작했다.

"길을 걷다 갑자기 소나기가 내리면 여러분은 어떻게 하십니까? 먼저 가방에서 우산을 꺼내 쓰겠지요? 만약 우산이 없으면 비를 막을 수 있는 어떤 것이라도 뒤집어쓸 겁니다. 그나마 손에 잡히는 것이 없다면 비를 맞을 수밖에 없습니다. 비를 맞는 것은 어쩔 수 없지만 여기에서 배워야 할 것이 있습니다. 비 오는 날 우산이 없는 까닭은 화창한 날에 방심하여 비 올 때를 준비하지 않았기 때문이라는 점을 깨닫는 것입니다. 더불어 다음 번에 비를 맞지 않겠다는 다짐을 하는 것입니다. 앞으로 여기 모인 여러분은 마쓰시타 그룹을 이끌어 나갈 인재입니다. 오늘날처럼 세계가 급속도로 변해가는 시점에서는 미래에 대한 철저한 준비가 필요합니다. 그게 앞으로 여러분이 이곳에서 할 일입니다."

여기저기서 박수소리가 들렸다. 그의 짧은 연설이 끝나고 신입사원들의 질문시간이 다가왔다. 한 사원이 손을 번쩍 들며 물었다.

"회장님은 어떻게 지금처럼 큰 성공을 하셨습니까?"

마쓰시타 회장은 웃으면서 대답했다.

"저는 세 가지 하늘의 큰 은혜를 입었습니다. 가난한 것, 허약한 것, 못 배운 것이 그것이지요."

마쓰시타의 답변을 듣고 깜짝 놀란 신입사원이 되물었다.

"세 가지가 모두 은혜라기보다는 불행 아닌가요? 제 머리로는 잘 이해가 가지 않는데요."

그러자 마쓰시타가 웃으면서 대답했다.

"불행이라? 그 표현이 맞을지도 모릅니다. 하지만 저는 가난 속에서 태어났기 때문에 부지런히 일하지 않고서는 잘살 수 없다는 진리를 일찍 깨달았습니다. 또 어릴 적부터 몸이 허약했기 때문에 건강의 소중함도 일찍이 깨달아 몸을 아끼고 건강관리에 힘썼습니다. 지금 제 나이가 아흔인데도 제 신체나이는 3~40대 같습니다. 겨울철에도 매일 아침 냉수마찰을 하고 있습니다. 또 초등학교 4학년에 중퇴했기 때문에 항상 이 세상 모든 사람을 나의 스승으로 받들었습니다. 그들에게 많은 지식과 배움을 얻었고 최선을 다해 노력할 수 있었습니다. 이런 세 가지가 저를 강하게 만들었고 이만큼 저를 성장시켜주었습니다."

힘찬 박수소리가 터져나왔다.

"역시 마쓰시타 고노스케야!"

"저 조그만한 몸으로 이런 대기업을 만들다니!"

"경영의 신이 운행하는 배에 오르다니 난 행운아야!"

여기저기서 감탄하는 소리가 들렸다. 마쓰시타 고노스케는 잠시 숨을 고른 후 입을 열었다.

"여러분은 감옥과 수도원의 차이를 아십니까? 감옥과 수도원의 공통점은 세상과 고립되어 있다는 것입니다. 하지만 차이점은 그곳에 있는 사람이 불평하느냐, 감사하느냐 하는 생각의 차이일 뿐입니다.

감옥이라도 늘 감사하는 마음으로 산다면 수도원이 될 수도 있습니다."

또다시 박수소리가 강당을 가득 메웠다.

마쓰시타는 1894년 11월 27일 와카야마 현에서 태어났다. 초등학교 5학년을 중퇴하고 자전거 가게에서 점원으로 일하던 그는 1918년 마쓰시타 전기제작소를 설립하여 1973년 은퇴하기까지 '경영이란 끊임없는 창의적 연구를 통해 무에서 유를 창조하는 것이다'라는 신념을 실천했다. 그리고 아래와 같은 사명을 정했다.

"좋은 물건을 싸게 많이 만들어 공급함으로써 가난을 몰아내 물질적 풍요를 실현하고 사람들에게 행복을 가져다준다."

말단 점원에서 시작해 일본 최고 갑부가 된 마쓰시타 고노스케는 단순한 기업인이 아니었다. 그는 뛰어난 발명가였고 일본인에게 최고의 스승이며 사상가였다. 일본의 어머니들은 아이들에게 고노스케를 배우라고 가르치며 기업인은 그의 경영이념을 '마쓰시타이즘'이라 부르며 기린다.

마쓰시타 고노스케는 아흔이 넘은 나이에도 여전히 현역으로 근무했으며 늘 젊은이처럼 생각한다고 말했다. 그리고 젊음과 청춘에 대해 다음과 같은 말을 남겼다.

"늘 젊게 살고 싶어도 나이 먹는 것은 피할 수 없습니다. 그러나 몇 살이 되든 정신적으로는 청춘 시절과 마찬가지로 매일 새로운 희망에 부풀며 용기를 잃지 않고 자신의 사명을 이루기 위해 몰두하는 마음으로 살아갈 수 있습니다. 청춘이란 마음의 젊음입니다. 신념과 희망이 넘치고 용기에 차 매일 새로운 활동을 계속하는 한, 청춘은 영원히 곁에 있습니다."

자신의 세 가지 약점을 장점으로 승화시킨 마쓰시타 고노스케는 늘 20대의 마음가짐으로 살았다. 청춘의 마음으로 평생을 사는 것이 얼마나 즐거운 일인지 몸소 행동으로 보여준 것이다.

 젊음은 나이가 아니라 청춘이 만드는 것

"청년기란 세상의 한끝에서 다른 한끝으로 아주 재빠르게 움직이는 것이다. 여러 나라의 풍습을 공부해보고, 한밤중의 소리 나는 작은 종소리에 귀 기울이고, 도시와 시골에서 해돋이를 보고, 신앙부흥회에 참석하여 종교를 바꿔보고, 형이상학을 섭렵하고, 어쭙잖은 시를 쓰고, 불구경하러 1마일을 달려가고, 에르나니를 열광적으로 관람하러 아침부터 극장 앞에서 기다리는 시기이다."

모험소설《보물섬》의 작가 로버트 루이스 스티븐슨의 말이다. 살다 보면 나이는 그저 숫자에 불과하다는 말에 동감하게 된다.《후한서》에는 노익장(老益壯)이라는 말이 나온다. 광무제 때의 명장 마원이 친구에게 항시 말했다는 "모름지기 대장부라함은 뜻을 품었으면 어려울수록 굳세어야 하며 늙을수록 건장해야 한다"는 말에서 유래되었다. 훗날 마원은 반란이 일어나자 광무제에게 군대를 달라고 청했다. 광무제가 걱정스런 눈빛으로 말했다.
"전쟁에 나가기에 자네는 너무 늙지 않았는가?"
그러자 마원이 말했다.
"소신의 나이 비록 예순두 살이나 갑옷을 입고도 말을 탈 수 있으니 어찌 늙었다고 할 수 있습니까?"
그리고는 말에 안장을 채우고 훌쩍 뛰어올랐다. 광무제는 미소를 지으며 출정을 허락했고 마원은 대장군이 되어 결국 적을 물리치고 큰 공을 세웠다.

......

극복하지 못할 난관은 없습니다.
무엇보다 중요한 것은 고난이 아니라
고난과 맞서는 사람의 자세라고 생각합니다.
성공한 후가 아니라 지금 서 있는 그 자리에서
최선을 다하는 것이 중요합니다.

생각대로 ⑯ | 한국인 최초의 미국 상원의원 신호범

인생의 참맛은
폭풍 속에서 춤추는 것이다

"이 도둑놈의 새끼야!"

아이의 이마에서 피가 철철 흘렀다.

"먹을 게 없어 동생들 것을 뺏어 먹냐. 너 같은 놈은 매도 아까워."

"외숙모님, 잘못했어요. 이제 그만 때리세요. 저 정말 죽을 것 같아요. 제발 살려 주세요."

아이는 손이 닳도록 빌었다. 하지만 외숙모의 매질은 멈출 줄을 몰랐다. 이제 겨우 여섯 살밖에 되지 않은 아이에게는 가혹한 형벌이었다. 사건의 발단은 따돌림과 배고픔 때문이었다. 파주에서 태어난 아이는 네 살 때 어머니를 여의고 아버지마저 행방불명이 되자 외할머니 손에 맡겨졌다.

외숙모가 해주는 눈칫밥을 먹으며 천덕꾸러기가 된 아이는 늘 배가 고팠다. 그날도 주린 배를 부여잡고 집으로 돌아왔는데 외사촌들이 무엇인가를 먹고 있었다.

"그게 뭐야?"

아이의 출현에 외사촌들은 얼른 먹을 것을 감췄다.

"나도 같이 먹자."

외사촌들이 먹고 있던 것은 엿이었다. 하지만 외사촌들은 아이에게 눈길도 주지 않은 채 꾸역꾸역 엿을 먹기 시작했다. 화가 난 아이는 그중 가장 어린 사촌을 때리고 엿을 빼앗아 먹었다. 그때 울음소리를 듣고 외숙모가 들어온 것이다.

'이곳에 더 있다간 내가 죽을지도 몰라.'

어린 나이였지만 아이는 생명의 위협을 느꼈다. 그즈음 외숙모의 매질이 더욱 심해졌다. 엿 한 개가 먹고 싶어서 외사촌 것을 빼앗아 먹은 아이는 머리에 피가 철철 흐르도록 두들겨 맞고 집을 나섰다. 거북등 같이 거친 손길이지만 사랑을 가득 담아 나를 쓰다듬으셨던 외할머니 손을 슬그머니 놓고 떠날 때는 시린 바람이 몰아치듯 가슴이 쓰라렸다. 아이는 무작정 서울로 가는 기차를 타고 남대문 시장으로 갔다.

"네 이름이 뭐니?"

거지 왕초가 물었을 때 아이가 큰소리로 대답했다.

"제 이름은 신호범입니다!"

"하하하. 녀석, 패기가 있어 좋구나. 좋아, 오늘부터 여기에서 함께 지내도록 해."

그때부터 남대문에서 거지 생활을 시작했다. 몇십 년 후 신호범은 그때의 상황을 이렇게 회고했다.

"열다섯 살이 되기 전까지 내 인생은 한마디로 개 같은 인생이었다. 아니, 개보다 못한 인생이라고 하는 것이 더 옳을 것 같다. 늑골이 시리도록 주린 배를 채우기 위해 온갖 짓을 다하고 다녀야 했다. 사람이 살기 위해서는 못 먹을 것이 없다는 것을 뼈저리게 체험하며 살았다. 남대문 시장 바닥에서의 구걸은 그나마 호사로웠다. 강변이든, 논두렁이든, 쓰레기통에 버려진 음식이든 가리며 먹을 처지가 아니었다."

죽을 고비도 넘겼다. 여덟 살 때 말라리아에 걸려 사경을 헤맨 끝에 실신했다. 호범이 죽은 줄 알았던 거지패거리는 리어카에 싣고 화장터로 향하다 숨을 쉬는 그를 살려냈다. 그렇게 평생을 거지로 삶을 마감할 줄 알았던 호범에게 기회가 찾아왔다. 우연한 기회에 미군부대 하우스보이로 취직한 것이다.

'이렇게 마음껏 목욕을 해본 지가 얼마만이던가.'

호범은 그때 16년 만에 처음으로 샤워라는 것을 해봤다. 무엇보다 끼니와 잠자리 걱정을 하지 않고 살게 된 것이 가장 큰 축복이었다.

'몸이 부서지는 한이 있더라도 열심히 하자.'

소년은 군인들의 군화를 닦고 잔심부름을 하며 성실하게 일했다. 그들이 필요로 하는 곳이면 어디든 달려갔다.

"자넨, 마치 벅샷 같군."

일을 워낙 빨리 처리한다고 미군들이 '총알'이라는 별명을 붙여주었다. 그렇게 하루하루가 지났다. 호범에게는 천국과도 같은 생활이었다. 하지만 마음 한구석에는 늘 허전함과 외로움이 있었다.

'엄마, 어떡하죠? 전 엄마의 얼굴이 하나도 생각나지 않아요.'

그날도 어머니를 생각하고 눈물짓고 있을 때 폴 대위가 찾아왔다.

"신, 잘 지냈어."

얼마 전 미군들이 호범을 마구 구타한 적이 있었다. 사형을 시켜야 한다고 난리가 났다. 무슨 오해 때문인지 호범이 미군을 죽이려고 했다는 것이다. 그때 호범을 구해준 이가 폴 대위였다. 그는 군의관으로 평소에 호범을 아끼고 사랑해주었고 억울함을 풀어주기도 했다.

"신, 오늘은 중요한 이야기가 있어. 난 다음달 미국으로 돌아가. 근데 너를 두고 가려니 자꾸만 마음이 쓰이는구나. 어때, 너만 괜찮다면 미국으로 함께 가지 않으련?"

"제가요?"

"그래. 난 너를 내 아들로 입양시킬 거야."

순간 호범의 머리가 멍해졌다. 입양. 아들. 태어나서 가장 기쁘고 감격스런 순간이었다. 호범의 나이 열일곱의 일이었다.

미국 생활은 호범에게 또 다른 도전이었다. 먼저 학교가 그를 받아주지 않았다. 정식으로 학교에 다닌 적이 없는 학력 때문이었다.

"신, 걱정하지 마. 검정고시를 보면 돼."

양어머니는 그에게 영어와 역사를 가르치기 시작했다. 알파벳도 제대로 쓸 줄 모르던 호범이었지만 누구보다 열심히 공부했다. 그렇게 1년 반을 공부한 끝에 검정고시에 합격했다. 그리고 브리검영 대학교에 입학했다.

"전 아이들을 가르치고 싶습니다."

호범은 누구보다 열심히 공부했다. 대학 졸업과 동시에 피츠버그 대학교에서 석사학위를 받고 워싱턴 대학교에서 동양역사학 학위를 받았다.

하루는 불가능 Impossible이라는 말이 너무 싫어 사전을 찢었다. 그리고 얼마 뒤 다시 붙이려 보니 'Im' 다음 부분이 찢겨 있었다. 불가능이라는 의미의 'Impossible'이 '나는 가능하다'라는 I'm possible로 다시 보이기 시작했다. 그렇게 밤낮을 가리지 않고 공부한 끝에 자신의 목표와 소원대로 대학교수가 되었다. 그후 31년간 대학에서 아이들을 가르쳤다.

"정치지도자가 되고 싶습니다."

어느 날 호범은 양부모님에게 자신의 뜻을 전했다.

"저는 제가 한국인이라는 것을 한 번도 잊어본 적이 없습니다. 미국은 저의 제2의 고향이지요. 부모님 덕분에 저는 거지에서 대학교수가 될 수 있었습니다. 미국은 훌륭한 나라이고 기회의 땅입니다. 하지만 아직도 인종차별이 심합니다. 저는 남은 인생을 인종차별의 벽을 허물고 한국을 위해 바치고 싶습니다."

그날부터 호범은 31년 동안의 대학교수 생활을 마감하고 정치에 입문했다. 한 번 방향을 정하면 흔들리지 않고 질주하는 호범은 당시

3만 2천 가구가 있는 지역구를 집집마다 일일이 방문했다. 하루 13시간을 걷는 강행군이었다. 호범의 열정적인 소식이 퍼지자 한 기자가 인터뷰를 요청했다.

"닥터 신, 도대체 그런 열정은 어디에서 나오는 겁니까?"

호범이 자신의 발을 가리키며 농담처럼 말했다.

"디스 이즈 메이드 인 코리아. 한국산은 질기고 튼튼합니다."

열성과 노력 끝에 호범은 한국인 최초로 상원의원에 당선되었다. 그 후 한 번도 하기 어렵다는 상원의원에 연거푸 다섯 번 더 당선되었고 '제1회 자랑스러운 한국인상'을 수상하기도 했다. 어릴 적 부모를 여의고 쓰레기통을 뒤지며 살아온 거지 소년이 대학교수를 거쳐 미국인도 인정한 정치지도자가 된 것이다.

"나에게 어떻게 살아왔느냐고 누군가 묻는다면 오를 수 없는 산과 건너지 못할 강 앞에서 좌절하지 않고 살아왔다고 대답하고 싶다. 그러나 이렇게 말할 수 있기까지는 결코 만만치 않았던 고통의 과정이 있었다."

신호범 의원은 그때부터 세상에 대한 복수를 시작했다. 그가 선택한 복수는 용서와 화해였다. 어린 시절 자신을 피가 터지도록 때렸던 외숙모에게 고가의 아파트를 사주었다.

'내가 할 일이 또 뭐가 있을까?'

그즈음 수소문 끝에 생부도 찾았다. 이복동생 다섯을 낳고 어렵게 살고 있던 아버지를 처음에는 미워했지만 곧 용서했다. 그리고 동생들을 차례로 데려와 미국에서 공부를 시키고 자리를 잡을 수 있도록 물심양면 도와주었다. 그의 미국 이름은 폴 신$^{Paull\ Shin}$이다. '폴'은 양어버지의 성이고, '신'은 친아버지의 성이다. 양아버지인 폴 대위가 그랬던 것처럼 호범 또한 고아들을 입양했으며, 가난해서 공부를 하지 못하는 아이들에게 장학금을 주기도 했다. 그는 한 인터뷰에서 이렇게 말했다.

"가난은 죄가 아니라고요? 가난은 죄가 맞습니다. 부자가 되도록 노력하십시오. 그래야 자신뿐만 아니라 남도 도울 수 있습니다. 최고가 되고 싶다고요? 그럼 할 수 있는 모든 것을 해보십시오. 들을 수 있는 모든 것을 듣고, 볼 수 있는 모든 것을 보고, 무엇보다 그 속에서 좌절을 극복하는 법을 배워야 합니다."

신호범 의원은 미국 상원에서 '스마일 의원'이라고 불린다. 늘 얼굴에 웃음을 잃지 않기 때문이다.

"닥터 신, 당신은 무엇이 그렇게 행복하고 좋기에 늘 웃음이 끊이지 않습니까?"

"절망을 이기고 좌절을 이겨보세요! 세상이 얼마나 아름답고 찬란해 보이는지 모릅니다."

어머니에 대한 그리움과 외로움으로 밤마다 별을 보며 수많은 눈물을 흘린 신호범 의원은 이렇게 말했다.

"극복하지 못할 난관은 없습니다. 무엇보다 중요한 것은 고난이 아니라 고난과 맞서는 사람의 자세라고 생각합니다. 성공한 후가 아니라 지금 서 있는 그 자리에서 최선을 다하는 것이 중요합니다. 저는 여러분이 상상할 수도 없는 고통과 아픔을 겪었습니다. 인생의 참의

미가 무엇이냐고요? 인생은 폭풍이 지날 때까지 기다리는 것이 아니라 폭풍 안에서 즐겁게 춤추는 것입니다. 가끔 제 인생을 돌아보면 제가 너무 기특해서 눈물이 납니다."

꿈은 머리로 생각하는 게 아니라
가슴으로 느끼고, 손으로 적고, 발로 실천하는 것이다.

존 고다드(탐험가, 인류학자)

 작은 성공이 모여 큰 성공을 만든다

　천연두 백신을 최초로 발견한 에드워드 제너$^{Edward\ Jenner}$는 소와 접촉해서 우두를 앓은 사람은 천연두가 발생하지 않는다는 사실에 착안하여 천연두 백신을 발견했다. 수많은 백신이 바로 이러한 제너의 천연두 백신과 원리가 같다. 몸에 병의 원인균을 집어넣어 그에 대한 저항성을 미리 만들어놓는 것이다. 한 번 병과 싸워 이기고 나면 사람의 몸은 같은 종류의 어떤 강력한 병균과도 싸워 이길 수 있게 된다.
　스몰 윈 효과. 작은 성공. 작은 병을 앓고 나서 큰 병에 대한 항체가 생겼듯 일단 작은 성공을 거듭 경험하고 나면 큰 성공에 대한 저항이 줄어든다. 이러한 스몰 윈의 원리를 잘 알고 있는 영업사원은 거래처 방문을 시작할 때 맨 처음 들르는 한두 군데는 분명히 환영받을 것이라고 확신하는 고객을 먼저 방문한다고 한다.

  비슷한 실력을 가진 두 그룹의 학생에게 한쪽은 쉬운 문제를 먼저 풀게 하고 다른 그룹에게는 어려운 문제를 풀게 한 뒤 나머지 문제를 주면 쉬운 문제를 먼저 접한 그룹의 학생 점수가 더 높다는 연구결과는 '스몰 윈 효과'를 입증해주는 대표적인 사례이다.

  결코 작은 성공을 무시하지 마라. 처음부터 큰 성공을 목표로 하지 말고 작은 성공에 온 에너지를 집중하라. 자신의 능력을 제대로 알고 가장 가능성 있는 목표부터 공략하는 습관을 길러야 한다.

Chapter 5

용기와 신념을 갖고 자신을 믿어라

......

스스로를 돕지 않는 사람을 도우려 하는 것은
소용 없는 일이다. 스스로 사다리를 올라가려는
의지가 없는 사람을 억지로 떠밀어 올라가게
할 수는 없다. 좋은 기회를 만나지 못한 사람은
하나도 없다. 다만 그것을 잡지 못했을 뿐이다.

 생각대로 ⑰ | 강철왕에서 기부왕이 된 앤드류 카네기

노력이 기회를 만나면
행운이 찾아온다

"자기 자신보다 더 우수한 사람을 어떻게 다루어야 하는지 알았던 사람이 여기 누워 있다."

뉴욕 주 태리타운의 슬리피 할로 묘지에 있는 강철왕 앤드류 카네기의 묘비명이다. 그는 스코틀랜드의 시골 마을인 던펌린에서 태어났다. 이 마을은 스코틀랜드의 면직물 생산지로 유명한 곳이었는데 동네 사람 대부분이 직물공장을 다녔다. 카네기의 아버지 또한 직조공이었다.

어렸을 때부터 소문난 개구쟁이인 카네기는 자신의 묘비명처럼 사람들을 어떻게 다루어야 하는지 알았다. 하루는 숲 속에서 새끼를 밴

토끼 한 마리를 잡았다. 토끼는 곧이어 새끼를 낳았고 토끼 우리는 새끼로 가득 찼다.

'이 많은 토끼를 먹일 풀을 매일 뜯는 것은 힘든 일이야. 뭐 좋은 방법이 없을까?'

고민 끝에 카네기는 동네 아이들을 불러 모았다.

"토끼가 먹을 풀을 뜯어오면 너희의 이름을 새끼 토끼들에게 붙여 줄게."

아이들은 신이 났다. 그날부터 아이들은 토끼가 먹을 풀을 매일 같이 뜯어왔고 정성껏 보살폈다. 카네기는 이제 토끼 새끼들에게 신경을 쓰지 않아도 되었다. 훗날 카네기는 그때의 경험 때문에 삶의 중요한 좌표가 생겼다고 회고했다.

"내가 오늘날처럼 크게 성공할 수 있었던 것은 내가 무엇을 잘 알거나 스스로 무엇인가를 해서가 아닙니다. 그건 나보다 그 분야에 대해서 잘 아는 사람을 뽑아쓸 줄 알았기 때문입니다. 나는 증기식 기계에 대해서는 잘 몰랐지만 그보다 훨씬 복잡한 존재인 사람을 알기 위해 노력했습니다."

토끼를 아이들에게 맡긴 카네기는 남은 시간을 이용해 틈틈이 책을 읽었다. 책 속에는 온갖 지식과 지혜가 담겨 있었다. 하지만 그 행복한 시간도 오래가지 못했다.

"어서 짐을 꾸리렴. 우리는 미국으로 간다."

아버지의 폭탄선언에 가족은 어리둥절했다.

"더는 가난이 싫다. 미국에 가서 우리 모두 새로운 인생을 시작해

보자구나."

그들은 미국 펜실베이니아 주 피츠버그로 이주했다. 그때부터 카네기는 학교를 그만두고 돈을 벌기 위해 온갖 일을 해야만 했다. 하루에 10시간이 넘는 일을 하면서 받는 돈은 고작 몇 센트에 불과했다. 하지만 가난한 집에서 태어난 자신을 원망하지 않았다.

'성실하게 일하면 언젠가는 큰 부자가 될 수 있을 거야.'

어느새 카네기의 마음속에는 돈을 많이 벌어 부자가 되겠다는 꿈이 자리 잡았다. 하지만 카네기의 마음 한구석에는 늘 허전함이 있었다. 그건 배움에 대한 갈증이었다. 그때 반가운 소식이 들려왔다.

"이 도서관은 무료야. 책을 읽고 싶은 아이들이 있으면 언제든지 와서 봐도 좋단다."

제임스 앤더슨 대령이 자신의 개인 도서관을 아이들에게 무료로 개방한 것이다. 카네기는 일을 마치면 매일 그곳으로 달려가 책을 읽었다. 그곳에서 찰스 램의 수필과 밴크로프트의 미국사 등을 읽으면서 카네기는 다짐했다.

'나도 이 다음에 큰돈을 벌면 남을 위해서 사용할 거야. 비록 내 키는 150센티밖에 되지 않지만 내 꿈은 그 누구보다 높고 넓어.'

카네기는 자신이 맡은 일에 최선을 다했다. 일하는 속도도 빨랐고 학습능력도 뛰어났다. 전보 배달원으로 일할 때는 틈틈이 모스 부호를 익혀 신호음만으로도 내용을 해독할 수 있을 정도였다.

오직 돈을 벌기 위해 여러 직업을 전전하던 카네기에게 인생의 빛이 찾아왔다. 평소 그의 성실함과 부지런함을 눈여겨보던 펜실베이니아의 철도회사 주임인 스콧이 그에게 먼저 손을 내민 것이다.

"앤드류, 우리 회사로 오게나. 월급은 넉넉하게 주겠네."

그때부터 카네기는 철도회사에서 일하게 되었다. 철도는 카네기에게 신기루와 같았다. 넓은 미국 대륙을 가로지르는 저 거대한 쇳덩어리가 사람들에게 꿈과 희망을 안겨주는 것을 두 눈으로 똑똑히 바라보았다. 그와 관련된 사업도 엄청났다. 그중에서 카네기가 눈여겨본 것은 침대차 사업이었다.

'그래 저걸 해보자. 미국은 넓고 여행자도 계속 늘고 있어. 밤에 철도를 이용하는 사람들에게는 반드시 필요한 게 침대이지.'

카네기의 생각은 적중했다. 침대차 사업은 그에게 많은 이윤을 남겼고 돈을 다른 곳에 투자해 거대한 자본을 갖게 되었다. 카네기는 여기에서 멈추지 않았다.

"앞으로 기차는 더 많이 필요해질 거야. 그럼 철의 수요도 점점 늘어나겠지. 그래, 제철소를 만들어 철강사업을 해보는 거야."

그때부터 카네기는 본격적으로 철강사업에 뛰어들었다. 하지만 시작부터 난관에 부딪혔다. 철로 만든 기찻길이 녹아버린 것이다. 철은 기존의 나무보다 단단했으나 서너 달만 지나면 녹아버리는 약점이 있었다. 카네기는 철보다 더 강한 것을 찾기 위해 동분서주했다. 그때 반가운 소식이 들려왔다.

"앤드류, 이건 강철이라는 겁니다. 기존의 철보다 몇십 배는 더 강력하지요."

영국의 기술자 헨리 베서머가 개발한 강철을 활용해 그의 회사에서도 강철을 생산하기 시작했다. 이 튼튼하고 믿음직스러운 강철이 세상을 바꾸기 시작했다. 미국과 영국 등에서 철도를 잇달아 개설했고 선박, 철도, 가스관, 엘리베이터, 건물, 교량 등 많은 산업 분야에서 혁명적인 변화가 시작되었다. 철강업은 점점 호황을 누리기 시작했고 그는 철강과 관련된 기업을 합병하여 철강 트러스트를 형성했다. 이렇게 해서 카네기 철강 회사가 탄생했다. 미국 철강의 4분의 1이 그의 회사에서 생산되었으며 그는 당당히 철강왕으로 군림했다.

'드디어 내가 큰 부자가 되었구나.'

열세 살부터 생계를 위해 주급 1달러 20센트를 받고 면직물 공장에서 얼레잡이를 했던 소년이 세계 철강계를 주름잡는 사업가로 성공한 것이다. 자수성가를 통해 큰 부를 이룬 카네기는 자신에게는 한없이 온화했지만 직원들에는 매우 엄한 기업가였다. 직원이 작은 실수라도 하면 용납하지 않고 화를 냈으며 불성실한 직원들은 보는 즉시 해고하기도 했다. 그런 그에게 홈스테드 철강소 파업은 인생의 큰 변화를 줬다. 미국 노동역사의 큰 사건으로 기록된 이 파업으로 인해 10명이 숨지고 수백 명이 다쳤다. 그때 호화로운 여행 중이던 카네기는 급히 귀국해 사태를 진정시켰다.

'내가 어리석었구나. 이 철강소는 노동자들의 피와 땀으로 일구어 낸 것이야. 내 부와 성공이 모두 그들 손에서 태어난 것이라구.'

그때부터 카네기는 노동자들을 단순히 일꾼이 아니라 인생의 동료로 여기기 시작했다. 그리고 어린 시절 마음먹었던 '큰 돈을 벌면 남을 위해 쓰겠다'는 자신과의 약속을 지키기 위해 노력했다. 먼저 스무 살 때부터 모은 3억 달러가 넘는 재산을 사회에 환원했다. 피츠버그 시민에게는 감사의 편지를 썼다. 카네기 철강회사에서 일하다 불구가 된 장애인들과 노인들에게도 400만 달러의 복지기금을 만들어 주었다. 그때 카네기가 했던 말은 명언이 되었다.

"내가 부자가 될 수 있었던 것은 '가난'이라는 이름이 붙은 엄격하지만 가장 효율적인 학교를 다녔기 때문이다. 통장에 돈을 가득 넣은 채 부자로 죽는 것은 부끄러운 일이다. 인생에는 두 시기가 있다. 하나는 돈을 버는 시기이며 또 하나는 번 돈을 나누는 시기이다."

무엇보다 카네기가 공들인 것은 도서관이었다. 먼저 2500만 달러를 기부하여 공공도서관 건립을 지원하는 워싱턴 카네기협회를 설립했다. 어린 자신에게 무료로 책을 볼 수 있도록 해준 제임스 대령에게 배운 것처럼 3000여 개가 넘는 도서관을 지어 기증했다. 한 도서관의 설립기념비에는 이런 문구를 적어 넣었다.

―지식과 상상력이라는 소중한 선물을 받은 근로 소년 앤드류 카네기가 감사의 기억으로 이 기념비를 세운다.

카네기가 도서관을 짓기 시작할 즈음에는 미국 전체에 오직 3000여 명의 도서관 사서가 있었을 뿐이었지만, 오늘날 미국 전역에는 21만 5000여 명의 도서관 사서가 근무하고 있다.

카네기는 그밖에도 카네기 회관, 카네기 교육진흥재단 등 교육 분야에 3억 달러 이상을 기증했다. 카네기 공과대학^{현 카네기 멜론 대학}을 설립했으며, 세계적인 명소로 자리 잡은 카네기 홀도 개관했다.

카네기는 어느 날 요행만을 바라고 노력하지 않는 젊은이들을 향해 일침을 가했다.

"사람이 무언가를 배우면 오래지 않아 그 지식을 활용할 기회가 오는 법이다. 유능하고 자발적인 젊은이가 자신이 성실하고 유능하다는 것을 입증하지 못할 정도로 단순하고 낮은 자리란 결코 없다. 스스로를 돕지 않는 사람을 도우려 하는 것은 소용 없는 일이다. 스스로 사다리를 올라가려는 의지가 없는 사람을 억지로 떠밀어 올라가게 할 수는 없다. 좋은 기회를 만나지 못한 사람은 하나도 없다. 다만 그것을 잡지 못했을 뿐이다."

자신의 전 재산의 90퍼센트를 아낌없이 사회에 환원한 카네기의 사무실 벽에는 커다란 낡은 그림 하나가 일생 걸려 있었다. 이 그림은 유명한 그림이 아니었다. 어느 아마추어 화가가 그린 낡은 배와 노가 썰물에 밀려 모래사장에 아무렇게나 내팽겨쳐 있는 그림이었다. 누가 봐도 절망스러운 모습이지만 카네기는 어떠한 물건보다 이 그림을 아꼈다. 이 그림 밑에는 다음과 같은 말이 적혀 있었다.

―반드시 밀물 때는 온다. 그때 저 바다로 나아가리라.

정직은 부자로 만들어주는 정기적금이다

포목점 점원으로 일하던 프랑스 청년이 있었다. 하루는 호텔에 숙박하고 있는 은행가에게 옷감을 팔고 돌아왔다. 그런데 받은 돈을 계산해보니 두 배나 더 받은 것을 알았다. 청년은 이 사실을 주인에게 알렸지만 주인은 시큰둥하게 말했다.
"우리 잘못은 없네. 그냥 두게."
청년은 주인의 만류에도 불구하고 호텔로 가 은행원에게 사과하고 나머지 돈을 건네주었다. 포목점 주인은 청년의 지나친 정직에 화를 내며 그를 해고했다. 이튿날 은행가는 청년이 자기 때문에 일자리를 잃게 된 것을 알게 되었다.
"나와 함께 일해보지 않겠나?"

청년은 은행가를 따라 파리로 가서 은행원이 되었다. 청년은 은행에서도 성실하게 일했고, 정직함을 잃지 않았다. 그 청년의 이름은 장 바티스트 콜베르. 그는 나중에 프랑스의 재무장관이 되어 중상주의정책을 추진하여 프랑스의 국부를 증대시키는 데 크게 기여했다.

카네기는 평소 정직을 강조하며 다음과 같이 말했다.

"세상에는 거짓말을 해도 상관없고 꾀가 많아야 잘살고 출세한다고 생각하는 사람이 많다. 여기 백 장 묶음의 종이 뭉치에서 한 장을 빼내면 모를 성싶지만, 세어보면 어디까지나 아흔아홉 장이지 백 장은 아니다. 거짓말을 한다는 것은 사실 앞에서는 무모한 일임을 깨달아야 한다."

......

인생은 우리가 생각하는 것보다 훨씬 짧아.
두렵다고 도전하지 않으면 기회는 손가락
밖으로 빠져나갈 거야. 사람들이 나를
어떻게 생각할까를 두려워한다면
도전적인 삶을 살지 못할 것 같아.
두려워하지 말고 내 감정과 생각대로 해보고 싶어.

생각대로 ⑱ | 미국에서 가장 웃긴 의사 켄 정

인생은 우리가
생각하는 것보다 짧다

"의대에 진학한 것을 축하한다."

"자랑스런 내 아들. 결국 해냈구나."

켄 정의 의학대학원 입학을 축하하며 온 가족이 모였다. 오늘의 주인공인 켄 정은 한국의 피를 물려받은 재미교포 2세로 어릴 때부터 학업성적이 우수한 모범생이었다. 고등학교 졸업 당시에는 최고우등상을 수상했을 정도였고, 의학대학원을 진학하기 위해 다닌 듀크 대학에서도 늘 상위권을 유지했었다.

"이제 우리 집에도 의사가 탄생했구나. 자, 오늘의 주인공께서 한 마디 해야지."

쑥스러운 표정을 지으며 켄 정이 의자에서 일어서자 시선이 모두 그의 작은 입으로 쏠렸다.

"진심으로 감사합니다. 이게 다 좋은 환경에서 마음껏 공부할 수 있도록 배려해주시고 성원해주신 부모님 덕분입니다. 제 마음속에는 늘 학자 집안이라는 자부심과 긍지가 있었습니다. 여기 모이신 여러분의 성원에 누가 되지 않도록 열심히 공부해서 꼭 훌륭한 의사가 되겠습니다."

짧은 연설이 끝나자 우레와 같은 박수가 터졌다. 친지들은 돌아가며 켄 정을 포옹하고 입을 맞췄다. 켄 정은 그런 가족을 보며 흐뭇함과 동시에 책임감을 느꼈다. 무엇보다 미안한 마음이 몰려왔다.

'이제 부모님의 바람대로 의대에 진학했으니 이제부터는 내가 하고 싶은 일을 하자.'

켄 정은 의사말고도 또 다른 꿈이 있었다. 듀크 대학을 다닐 때 교양과목으로 드라마 수업을 들었는데 처음 접하는 세계에 매료된 것이다. 작가가 쓴 대본을 가지고 감독이 연출을 하고 배우들이 연기를 하며 감동과 웃음을 전하는 드라마의 세계는 어릴 때부터 끼가 많았던 그에게 오아시스와 같은 존재였다.

켄 정은 여름방학을 이용해 UCLA의 드라마스쿨 과정에 등록했다. 그리고 낮에는 의학 공부를 하고 밤에는 학교 근처 클럽에서 스탠드업 코미디 무대에서 자신의 주체할 수 없는 끼를 발산하기 시작했다. 이런 켄 정의 열정을 눈여겨본 이들이 있었다. 우연히 참가한 코미디 콘테스트에서 심사위원으로 참석했던 유명 방송국의 예능국장과 코미디클럽의 회장이었다.

"켄 정, 자네의 입담과 유머는 출중하네. 어떤가? 나와 함께 손잡고 본격적으로 연예인이 되어 보지 않겠나?"

"사실 저는 의대에 다니고 있는 학생입니다. 코미디는 일종의…."

"알고 있네. 본업을 버리라는 게 아니야. 정식으로 배우 등록을 해서 활동해보자는 거지. 물론 의사 활동은 계속 하게나. 이대로 썩기에는 자네가 가지고 있는 재능이 너무 아깝네."

"제안은 고맙지만 아직 때가 아닌 것 같습니다."

몇 년 후 의대를 졸업한 그는 할리우드가 있는 LA의 한 병원에 취직한다. 그리고 낮에는 의사로 일하고 밤에는 LA 지역 코미디클럽에서 활동한다. 그리고 틈틈이 TV 드라마에 출연하게 되는데 아시아계 단역으로 잠시 출연하는 정도였다.

그에게 기회가 찾아온 것은 2007년에 출연한 영화 〈사고 친 후에〉였다. 여기서 그는 원래 직업인 의사로 출연하게 되는데 이 영화가 히트를 친 것이다. 조연급이었지만 영화팬들로부터 확실한 눈도장을 받았다. 그는 이 작품으로 코미디, 연기, 의학을 모두 표현할 수 있어서 기뻤다. 이즈음 한 사내가 그를 찾아왔다.

"켄 정. 자네를 쭉 지켜보았네. 이번 기회에 아예 배우로 전업하는 것은 어떤가? 내가 적극적으로 도와주겠네."

그의 제안에 흔들리기 시작했다. 어렵게 공부해서 의대까지 졸업해 이제 어엿한 의사가 되었다. 하지만 드라마와 영화 일을 하면서 이것이야말로 자신이 원하는 삶이라고 생각했다.

켄 정은 며칠 밤을 지새우며 자신의 인생항로에 대해 진지하게 생각하게 되었다. 며칠 후 그는 먼저 아버지를 찾아갔다. 그리고 지금까지 마음속에 꼭꼭 숨겨두었던 이야기를 꺼냈다. 한참을 듣고 있던 아버지가 입을 열었다.

"네 부인의 생각은 어떠하냐?"

"네?"

뜻밖의 질문이었다.

"아직 아내에게는 말하지 않았습니다. 먼저 아버지에게 이야기를 해야 한다고 생각해서…."

"그럼 아내에게 물어보고 아내가 시키는 대로 해라. 그게 아마 정답일게다. 이제 네 가족은 아내와 아이들이다."

켄 정은 그 길로 집으로 달려가 아내에게 자초지종을 이야기했다. 평소 드라마와 영화에 대한 남편의 열정이 대단한 것을 옆에서 지켜본 아내가 웃으면서 말했다.

"당신 뜻대로 하세요. 전 의사 남편을 좋아한 게 아니라 당신 자체를 사랑하고 있으니깐요. 근데 한 가지 궁금한 게 있어요. 이 일이 그렇게 좋으세요?"

감격에 젖은 켄 정이 또박또박한 어투로 말했다.

"여보, 인생은 우리가 생각하는 것보다 훨씬 짧아. 두렵다고 도전하지 않으면 기회는 손가락 밖으로 빠져나갈 거야. 사람들이 나를 어떻게 생각할까를 두려워한다면 도전적인 삶을 살지 못할 것 같아. 두려워하지 말고 내 감정과 생각대로 해보고 싶어. 실패하든 성공하든 그건 나중의 문제야."

켄 정은 이후 수많은 영화에 단역으로 출연하며 캐리어를 쌓았다. 특히 〈사람만들기〉라는 영화에서 아고트론 왕 역할을 맡으면서 절정의 코미디 감각을 보여줘 많은 사람의 찬사를 받았다. 그리고 운명과도 같은 작품이 그를 찾아왔다. 2009년에 개봉된 〈행오버〉였다.

2011년 속편 〈행오버 2〉까지 만들어진 이 영화에서 켄 정은 홀딱 벗고 자동차 트렁크에서 등장해 관객의 배꼽을 빠지게 만들었다. 이 장면으로 MTV에서 주는 '최고의 황당 순간상'을 수상했으며, 미국 〈버라이어티〉지는 이를 두고 "영원히 팬들의 뇌리에 남을 것"이라고 평했다. 이 영화는 전 세계적으로 4억 5000만 불이라는 엄청난 흥행 성적을 올렸다. 제작비가 2500백만 불이었으니 열 배가 넘는 수익이었다.

하지만 이 영화에 출연할 당시 그는 홀로 눈물을 삼켜야만 했다. 그의 가장 든든한 후원자이자 조력자인 아내가 유방암 선고를 받은 것이다. 같은 병원에서 일하면서 만난 의사 아내는 유방암 3기 판정을 받고 방사선 치료를 받았다. 그는 아내 곁에서 극진히 간호했다. 그때 〈행오버〉 출연제의가 들어왔다. 그는 단박에 거절했다.

"켄 정. 이건 더없이 좋은 기회야. 중국계 마피아 두목 역할인데 비중도 크다네."

"하지만 전 아내를 간호해야 됩니다."

"자네 아내는 의사야. 그리고 이 병원에는 자네의 동료가 수두룩하다네. 별일 없을 거야."

"하지만 제 마음이 편치 않아서 제대로 연기할 수 없을 것 같습니다. 무엇보다 아내 곁에는 제가…."

그때 둘의 대화를 엿듣던 아내가 끼어들었다.

"여보, 그 영화에 꼭 출연하세요. 저를 위해서. 당신이 연기하는 모습을 꼭 보고 싶어요."

"여보."

"전 결코 죽지 않을 거예요. 언제나처럼 당신 곁에 꼭 붙어 있을 거예요."

아내의 말에 눈물을 흘리며 켄 정은 출연을 결심했다. 훗날 그는 한 인터뷰에서 그때의 상황을 이야기했다.

"그때 아내가 보고 웃었으면 좋겠다는 마음으로 연기했습니다. 저도 심신이 많이 지친 상태였죠. 하지만 이 영화는 치료제 같은 역할을 했어요. 감사하게도 아내에게 3년째 암 재발이나 전이가 없습니다. 〈행오버〉가 저에게 해피엔딩을 선물한 거죠."

이 영화에 출연할 당시 감독은 속옷을 입고 나온 켄 정을 화면 속에 그리려고 했다. 그때 그가 감독에게 제안했다.

"감독님, 여기서는 속옷보다는 홀딱 벗는 게 더 웃길 것 같습니다. 생각해보세요. 아무것도 입지 않고 갑자기 자동차 드렁크 안에서 튀어나와 상대를 공격한다면 관객에게 우스꽝스럽고 충격적이면서 강한 인상을 남길 수 있을 겁니다."

"하하하. 생각만 해도 웃기는구만. 근데 자네 할 수 있겠나?"

"그럼요. 나체로 나오는 것이 일종의 위험 부담을 안고 가는 건데 그 위험 부담을 안고 두려워하지 말고 용감한 선택을 해보고 싶습니다. 전 늘 도전을 즐깁니다."

이 영화의 성공으로 그는 10여 편의 영화에 출연했고 세계적인 히트작 〈트랜스포머 3〉에서도 얼굴을 선보였다. 그리고 2013년 개봉 예정인 〈행오버 3〉에 그는 주연급으로 발탁되는 영예를 안았다.

명문대학과 의대를 졸업한 엄친아 의사가 명예와 안정된 직업을 버리고 연기자로 변신한 이유는 자신의 생각대로 삶을 살아가려는 의지와 도전의식이 있었기에 가능한 일이었다. 인생의 위기를 웃음으로 승화한 그는 할리우드 코미디 영화계에서 가장 주목받는 영화인이자 미국에서 가장 웃긴 의사로 우뚝 서 있다.

웃음은 어떤 핵무기보다 강하다

"행복하기 때문에 웃는 것이 아니고 웃기 때문에 행복하다."
미국의 심리학자 윌리엄 제임스의 말이다. 웃음은 현대의학에서 중요한 이슈로 자리잡은 지 오래이다. 암 예방뿐만 아니라 암환자에게도 탁월한 효과가 있다는 발표가 줄을 잇고 있다. 무엇보다 웃음은 면역체계를 무너뜨리는 스트레스와는 반대로 면역체계를 강화시킨다. 크게 웃음을 터뜨리면 저절로 복식호흡이 되어 폐의 곳곳에 산소와 혈액 공급이 원활해지고 얼굴과 다리 등의 근육을 운동시킨다. 다이어트 효과도 있다. 또한 10초 동안의 웃음은 4분 동안 조깅하는 것과 같은 효과를 얻을 수 있다. 웃는 표정을 수시로 지어주면 입꼬리가 올라가고 피부가 위로 당겨져서 피부 탄력 개선 효과도 가져다 줄 수 있다.
 링컨 대통령은 "나는 밤낮으로 무거운 긴장감에 시달려야 했다. 만일 내가 웃지 않았다면, 나는 이미 죽었을 것이다"라고 했고, 윈스턴 처칠은 "웃지 않는 것은 100만 달러를 은행에 두고도 그 돈을 전혀 쓰지 않는 것과 같다"고 했다. 일부러 웃는 웃음이라도 자연스러운 웃음과 똑같은 효과를 낸다고 하니 되도록 많이 웃어보자.

……

아무리 힘들고 어려워도
내 생각을 국민에게 전해야 해.
내가 세상을 바꿀 수는 없지만
세상을 바꾸자고 제안할 수는 있잖아.
그거면 됐어.

생각대로 ⑲ | 도보로 미국을 횡단한 정치활동가 도리스 해덕

나이를 탓하며 주저앉기엔
남은 인생의 기회가 너무 많다

　1999년 미국 북동부에 위치한 뉴햄프셔 주의 작은 시골 마을. 도리스 해덕^{Doris Haddock} 할머니가 TV를 보고 있었다. 당시 할머니의 나이는 89세. TV에서는 미국 대통령 선거에 출마한 공화당 후보와 민주당 후보가 격렬한 토론을 벌이고 있었다.
　"부시는 아버지에 이어 대통령이 되겠다고 나왔군."
　도리스 해덕이 말하자 옆에 있던 아들이 말을 이었다.
　"이번에는 민주당이 유리할 것 같아요. 빌 클린턴이 백악관에서 창피한 스캔들을 일으켰지만 부통령을 지낸 앨 고어는 왠지 믿음직스러워 보여요. 부시보다 젊고 얼굴도 잘생겼잖아요."

"누가 되든 이번에야말로 선거자금개혁이 이뤄져야 해!"

도리스 해덕은 89년을 살아오면서 미국의 선거제도에 불만이 많았다. 그건 정치인이 기업과 부자에게 돈을 받아 선거를 치루고, 당선되면 이에 보답하기라도 하듯이 기업과 부자에게 특혜를 주는 것이었다.

"경찰관이 피의자로부터 커피 한 잔을 얻어 마셔도 문제가 된다. 하물며 정치인이 기업과 부자로부터 엄청난 자금을 받아서야 국사를 공명정대하게 처리할 수 있겠느냐."

하지만 할머니가 할 수 있는 일은 아무것도 없었다.

어느 날 아들이 한 가지 제안을 했다.

"어머니, 플로리다로 낚시를 가는데 함께 가시지 않겠어요?"

할머니는 영 내키지 않았다. 다리도 불편했고 만사가 귀찮아졌다. 그 순간 여동생이 플로리다에 살고 있다는 생각이 떠올랐다.

'아들 녀석이 꾀를 냈군. 그래 동생도 볼 겸 바람이나 쐬고 오자.'

할머니와 아들은 플로리다로 향했다. 그곳으로 향하던 중 한 노인이 작은 가방을 메고 지팡이를 짚고 걸어가는 모습을 보았다. 할머니가 물었다.

"도대체 저 노인은 저기서 뭘 하고 있는 거지?"

아들이 대답했다.

"글쎄요. 마치 순례자처럼 어딘가로 떠나고 있는 것 같은데요."

아들은 농담처럼 말한 것이지만 할머니는 그때 한 가지 영감이 떠올랐다.

"아들아, 너도 알다시피 여든아홉 먹은 노인이 할 수 있는 것은 아무것도 없단다. 하지만 내가 걸어서 미국을 횡단한다면 국민에게 내 뜻과 메시지를 전할 수 있지 않을까?"

놀란 아들이 물었다.

"국민에게 무슨 메시지를 전하고 싶으신데요?"

"정치자금개혁법 말이다."

아들은 크게 놀라며 소리쳤다.

"어머니는 낼 모레면 아흔 살이시라구요!"

하지만 아들은 어머니의 고집과 생각을 꺾을 수 없었다. 한 번 하기로 마음먹으면 행동으로 옮겨야 직성이 풀리는 성격이라는 것을 잘 알고 있었다. 할머니는 휴가 내내 구체적인 계획을 구상했다.

'젊은이도 어렵다는 국토횡단을 과연 내가 할 수 있을까? 내 걸음으로 걷는다면 몇 개월, 아니 1년이 넘게 걸릴지도 몰라. 하지만 아무리 힘들고 어려워도 내 생각을 국민에게 전해야 해. 내가 세상을 바꿀 수는 없지만 세상을 바꾸자고 제안할 수는 있잖아. 그거면 됐어. 나머지는 하늘에 맡기자.'

며칠 후 할머니는 정경유착과 정치선거자금에 항의하며 미국횡단을 시작했다. 처음에는 반대했던 아들과 증손자들이 그의 든든한 후원자가 되었다. 노환, 폐기종, 천식을 앓고 있던 키 150센티미터의 할머니는 캘리포니아에서 발대식을 가졌다. 하지만 할머니를 지지하는 사람은 가족을 포함해 극소수에 불과했다. 할머니는 여기서 멈추지 않고 크고 작은 도시에 들러 정경유착을 금지하는 법률 제정을 요구했다.

"우리 세대에 이 더러운 정경유착을 끊지 못하면 다음 세대에도 똑같은 고민을 해야 합니다. 우리에게는 보다 정직하고 나은 삶을 후세에게 물려준 의무와 책임이 있습니다."

할머니의 연설과 캠페인은 사람들의 입소문을 타고 미국 전역으로 퍼져나갔다. 각지에서 할머니를 응원하는 사람들이 늘어났다. 할머니가 지나가는 길가에는 주민이 몰려 나와 응원을 했고 함께 행진도 했다. 동네 의사들은 할머니의 건강을 체크했고 기꺼이 침식을 제공했다.

그해 1월 서부 캘리포니아 주 해안에서 출발한 할머니는 미국의 11개 주를 거치며 장장 4800킬로미터를 도보로 걸은 끝에 10월 말 동부의 워싱턴 DC에 도착했다. 국회의사당 앞에는 할머니를 응원하기 위해 수천 명의 사람이 모여 있었다.

"도리스 할머니, 당신이 진정한 영웅이오!"

할머니는 사람들을 향해 소리쳤다.

"정치인은 부정한 돈을 받아 선거운동을 하지 마라!"

여기저기서 박수소리가 터져나왔다. 할머니가 말을 이었다.

"저의 목표는 우리와 정치 참여 사이에 끼어드는 탐욕과 부패의 세력을 완전히 물리치는 것입니다. 그러기 위해서는 모든 선거자금을 일반 국민의 세금으로 충당해야 합니다. 또한 입후보자가 TV에 나와 자신의 생각을 밝히는 기회를 무료로 제공해야 합니다. 깨끗한 돈으로 국민의 대표를 뽑아야 이 나라가 고위 공직자의 부정부패에서 자유로울 수 있습니다."

할머니의 피 맺힌 절규는 다음해 국회에서 뜨거운 논쟁이 되었다. 그리고 국회에서 최소한 기업자금의 일부가 미국정치로 흘러가는 것을 막는 것을 골자로 한 법안이 통과되었다. 아흔이 넘은 할머니의 목소리와 메시지에 정치인들도 항복한 것이다.

"나이를 탓하며 주저앉기엔 남은 인생의 기회가 너무 많습니다. 일어나세요. 당신도 할 수 있습니다."

도리스 할머니는 자신의 생각을 행동으로 보여줌으로써 많은 미국인에게 감동과 메시지를 전달했다.

 무언가를 이루기 위해 늦은 나이란 없다

맥도날드의 창업자 레이 크록이 사업을 처음 시작한 나이는 53세였다. 창업 당시 그는 당뇨를 앓고 있었으며 각종 질병에 시달렸지만 매일 아침 직접 청소를 했다. 월마트의 창업자 샘 월튼은 44세에 창업했으며, KFC의 창업자 커넬 샌더스는 65세에 사업에 실패해 74세 때 600여 개의 체인점 사장으로 재개했다. 또한 면도기의 대명사인 질레트의 창업자 킹 질레트는 48세에 창업했고, 메리케이 화장품은 창업자 메리 케이 애쉬가 45세에 창업했다.

소설가 박완서는 40세에 등단했으며 화가 폴 고갱이 증권거래소 직원의 보장된 삶을 버리고 티히티 섬으로 떠난 것은 43세 때였다. 영화 〈슈렉〉의 원작자이자 '카툰의 왕'이라 불리는 윌리엄 스타이크는 60세가 넘어 동화작가가 되었다. 전북 완주에 사는 70세의 차사순 할머니는 2종 보통면허 운전시험에서 무려 959번 떨어진 후 960번 만의 도전 끝에 면허증을 손에 넣었다.

이처럼 늦은 나이에 자신의 꿈을 이룩한 대기만성형인 사람을 '레이트 블루머'Late Bloomer라고 한다. 가능성을 스스로 닫지 않는다면 우리는 누구나 예쁜 꽃을 피울 수 있는 소중한 존재이다.

괴테는 다음과 같이 말했다.

"무엇인가 큰일을 성취하려고 한다면 나이를 먹어도 청년이 되어야 한다."

......

모든 개인은 중요합니다.
모든 개인은 자신의 역할이 있습니다.
모든 개인은 변화를 가져올 수 있습니다.
우리에게는 세상의 짐이 되지 않고 자신에게
주어진 재능을 활용해 세상을 더욱 좋은
곳으로 만들 수 있는 권리가 있습니다.

 생각대로 ⑳ | 세계적인 동물학자 제인 구달

간절히 원하는 것이 있다면 포기하지 말고 도전하라

"여보, 제인이 없어졌어요."
"얼른 경찰에 신고부터 해요!"
집안이 발칵 뒤집혔다. 네 살밖에 되지 않은 딸이 갑자기 사라진 것이다. 가족은 출동한 경찰과 함께 집 주변을 샅샅이 뒤지기 시작했다. 잠시 후 경찰관이 제인을 찾은 곳은 마당에 있는 닭장 안이었다. 그곳으로 들어가자 구석에 웅크리고 앉아 있는 제인의 모습이 보였다. 어머니는 재빨리 울타리를 넘어 제인을 꼭 껴안았다. 그리고 울먹이는 목소리로 물었다.
"제인, 도대체 여기에서 무얼 하고 있는 거니?"

놀란 것은 제인도 마찬가지였다. 제인이 떨리는 목소리로 말했다.
"궁금해서요. 닭이 어디서 알을 낳는지 보고 싶었어요."
제인의 설명에 가족과 경찰은 어이가 없다는 듯이 웃었다. 닭이 알을 낳는 것이 궁금해서 온종일 닭의 꽁무니만을 보고 있던 제인도 그때서야 웃음을 되찾았다.
'예사로운 아이가 아니야. 내가 잘 보살피고 키워야 해.'
어머니는 그때부터 제인을 더욱 지극정성으로 돌보게 되었다. 제인의 호기심은 여기에서 멈추지 않고 계속되었다. 지렁이를 방으로 가져와 몇 날 며칠을 관찰하기도 하고 각종 곤충의 움직임을 호기심 있게 바라보기도 했다. 그리고 《정글북》과 《타잔》 같은 자연과 동물에 관한 책을 좋아해 몇 번이고 반복해서 읽었다.
호기심 많은 아이는 무럭무럭 자라 열여덟 살이 되었다. 키는 또래에 비해 훌쩍 컸고 미모 또한 출중해 동네 남자 아이들이 집까지 찾아오는 경우가 많았다. 하지만 제인의 고민은 다른 데 있었다.
'난 이제 어린아이가 아니야. 대학 문제는 내가 떼를 써서 될 문제가 아니야. 그럼 난 무얼 하지? 난 단지 동물을 관찰하고 동물에 관한 글을 쓰고 싶은데, 어떻게 그 일을 시작해야 할지 모르겠네.'
제인은 진로 문제로 고민하기 시작했다. 마음속에 동물에 관련된 일을 하고 싶다는 꿈을 가지고 있었지만 사실 그건 막연한 꿈에 불과했다. 동물과 관련된 공부를 하고 싶을 뿐이었다. 하지만 그건 가정 형편상 어려운 문제라는 것을 제인은 잘 알고 있었다. 어머니는 그런 딸의 마음을 잘 알고 있었다.

"제인, 비서가 되어보는 건 어떻겠니?"

"비서요?"

"그래. 비서는 세계 어디서나 직장을 구할 수 있단다."

어머니의 충고대로 제인은 비서학교에 입학해 수료했다. 그리고 병원에서 한창 업무를 익히고 있을 때 옥스퍼드 대학에서 비서를 구한다는 공고를 보게 되었다. 제인은 지체 없이 응모했다. 그리고 소원대로 옥스퍼드 대학의 사무원으로 일하게 되었다. 제인은 틈나는 대로 학교 도서관을 들락거렸다.

하루는 런던에 있는 다큐멘터리 영화제작소에서 일자리를 구한다는 광고를 보고 짐을 꾸려 런던으로 날아갔다. 런던에서 홀로 지내며 틈틈이 아프리카에 사는 동물에 관한 책을 읽거나 강연을 들으러 다녔다. 제인에게 있어 아프리카는 어릴 때부터 꿈에 그리던 낙원이었다. 자신이 좋아하는 동물을 비롯해 한 번도 본 적이 없는 수백 종의 동물이 사는 아프리카야말로 제인의 가슴을 뛰게 만드는 연인과도 같았다.

"야호, 이건 기회고 행운이야!"

어느 날 제인 구달은 한 통의 편지를 받고 뛸 듯이 기뻐했다. 그 편지는 학교 친구였던 클로에게서 온 것이었다. 제인의 어릴 적 꿈을 기억하고 있던 클로는 이렇게 적어 보냈다.

―제인, 아직도 아프리카에 오고 싶니? 만약 그 꿈을 버리지 않았고 아프리카에 올 기회가 있다면 내가 있는 케냐로 오렴. 우리 농장에는 빈 방이 많단다.

제인은 그날부터 뱃삯을 벌기 위해 허드렛일도 마다하지 않았다. 하지만 마음에 걸리는 게 하나 있었다. 그건 가족을 두고 머나먼 아프리카로 홀로 떠나야 한다는 사실이었다. 제인은 며칠을 고민하다가 이 사실을 어머니에게 털어놓았다. 그때 어머니가 제인에게 해준 말은 평생 그녀의 가슴에 남았다.

"제인, 네가 진실로 간절하게 원하는 것이 있다면 포기하지 말거라. 그리고 열심히 노력해서 기회가 오면 그걸 꽉 잡아야 한다. 그러면 네게 길이 생길 거다."

제인은 피곤함도 잊어버리고 밤낮으로 열심히 일했다. 힘들고 고단할 때마다 클로가 보내준 편지를 읽고 또 읽었다.

'아프리카여, 조금만 더 기다려다오.'

그렇게 돈을 모은 제인은 스물세 살인 1957년 드디어 자신이 그토록 원하던 아프리카에 도착했다. 클로의 농장에서 아프리카 생활을 즐기며 제인은 너무 행복했다. 자신이 그토록 보고 싶어했던 동물들이 바로 눈앞에 있었다.

'이 사랑스런 동물들과 오랫동안 함께 지낼 방법이 없을까?'

그때 우연히 알게 된 사람이 제인에게 고고학자이자 인류학자인 루이스 리키 박사를 소개해주었다. 케냐의 수도 나이로비에 있는 자연사 박물관장인 리키 박사는 아프리카 동물들에 관한 제인의 폭넓은 지식을 높이 사 구달을 비서로 채용했다.

"난 동물과 인류의 조상에 대한 연구를 하고 있네. 주로 침팬지에 대한 연구를 하고 있지."

리키 박사가 연구하는 것은 주로 화석이었다. 하지만 제인 구달은 살아 있는 침팬지를 연구하고 싶었다. 며칠을 고민한 끝에 자신의 뜻을 전하자 리키 박사가 호기심 어린 눈빛으로 말했다.

"그래, 자네가 한번 해보게나. 생물학적으로 인류와 가장 가까운 침팬지나 오랑우탄, 고릴라 등에 대한 본격적인 연구가 필요할 때이네. 자넨 대학 졸업장이 없지만 그건 문제될 게 없네. 동물 연구에는 학위보다는 자네처럼 동물에 대한 지식과 열정만 있으면 되네."

그때부터 제인은 침팬지에 대해 공부하기 시작했다. 가능한 모든 자료를 모으고 관련 논문과 책을 읽었다. 당시 침팬지의 행동양식에 관한 연구는 거의 이루어지지 않았고 당연히 자료도 별로 없었다.

'몸으로 직접 겪을 수밖에 없어.'

다음날 제인은 루이스를 찾아갔다.

"침팬지 연구를 위해서 직접 밀림에 들어가야 합니다."

루이스는 깜짝 놀랐다.

"여자의 몸으로 혼자 야생으로 들어간다는 것은 위험천만하다네. 허락할 수 없네."

"혼자 가지 않겠습니다. 어머니와 함께라면 괜찮겠죠?"

그렇게 해서 제인은 어머니와 함께 곰베 침팬지 보호구역으로 들어가 연구에 몰두했다. 5개월 후 어머니는 다시 영국으로 돌아갔지만 제인은 매일 침팬지 서식지를 찾아 관찰했다. 처음 침팬지들은 제인만 보면 도망쳤다. 그러나 제인은 침팬지 하나하나에 이름을 붙여주고 그들에게 다가가기 위한 노력을 계속했다.

"넌 오늘부터 디지트야. 그리고 넌 피너츠, 넌⋯ 버츠 아저씨라고 부를 게. 버츠 아저씨는 정말 멋진 분이셨어. 내가 힘들고 외로울 때마다 항상 내 편이 되어주시곤 했지. 너도 나한테 그럴 수 있지?"

어느 날부터 침팬지들은 제인이 건네주는 바나나를 받아먹기 시작했다. 이렇게 침팬지와 생활하면서 제인은 놀라운 사실을 알게 되었다. 그건 침팬지들이 나뭇가지를 이용해 흰개미를 잡아먹는다는 점이었다. 충격적인 발견이었다. 그때까지만 해도 사람들은 '인간만이 도구를 사용할 수 있다'고 생각했기 때문이다. 이 소식을 들은 루이스 리키 박사는 유명한 말을 남겼다.

"제인의 발견으로 우리는 인간을 다시 정의하든가, 도구를 다시 정의하든가, 아니면 침팬지를 인간으로 받아들여야 할 것이다."

제인의 발견은 커다란 파장을 불러일으켰다.

"저 여자가 침팬지들에게 나뭇가지를 이용하는 방법을 알려준 다음 조작한 게 틀림없습니다."

제인은 억울했다. 하지만 제인에게는 명백한 증거가 있었다. 그녀가 직접 촬영한 사진들이 진실을 입증했고 몇 번의 실험을 본 그들도 제인의 연구결과에 승복할 수밖에 없었다. 제인은 일약 동물학계의 유명인사이자 이슈 메이커로 떠올랐다.

어느 날 루이스 리키 박사가 제인을 불렀다.

"제인, 기쁜 소식이네. 케임브리지 대학에서 자네에게 동물행동학 박사학위를 준다고 하네. 얼른 짐을 꾸려 영국으로 가게나."

"저한테요?"

"그래. 자네의 침팬지 연구가 획기적이라는 평가야. 학위는 그 공로에 대한 보상이네. 이제 아무도 자네를 업신여기지 못할 거야."

제인은 눈물을 흘리며 감격스러워했다. 하지만 이런 기쁜 소식이 가능했던 것은 자신을 아껴주고 늘 성원해주던 멘토이자 스승인 루이스 리키 박사 때문이라는 것을 제인은 알았다. 그녀를 따르는 사람들도 생겨났다. 신문에서 그녀의 기사를 읽은 내셔널 지오그래픽 협회가 한 가지 제안을 해왔다.

"제인, 당신이 동물연구를 하는 데 필요한 비용을 우리가 지원하겠소. 대신 우리는 당신이 일하는 모습과 자연을 주제로 한 다큐멘터리 영화를 찍고 싶소."

그 결과 제인이 연구한 것을 바탕으로 〈제인 구달과 야생 침팬지〉라는 영화가 완성되었다. 이 다큐멘터리가 사람들의 호기심과 큰 반향을 이끌어내면서 많은 학자가 야생동물 연구에 관심을 가지게 되었다.

'침팬지는 인간과 매우 유사하다. 하지만 살육과 전쟁을 일삼는 인간보다 조금은 더 선한 존재이다.'

수십 년간의 침팬지 연구로 제인 구달은 그런 생각을 하고 있었다. 하지만 그녀의 생각은 한 사건을 계기로 여지없이 깨지고 만다. 어느 날 제인은 한 침팬지 무리가 다른 침팬지를 공격하는 것을 봤다. 피가 튀기고 살점이 여기저기 뜯겨나가고 침팬지가 울부짖는 소리가 숲에 메아리쳤다. 생지옥이 따로 없었다. 더욱 놀라운 것은 그들이 동족을 잡아먹는다는 것이었다. 이러한 사례가 곳곳에서 일어나고 있다는 것을 알게 된 제인은 침팬지에 대한 자신의 선입견을 버리고 좀 더 객관적인 눈으로 그들을 바로보기 시작했다.

생애를 바쳐 침팬지 연구를 해온 제인에게는 재앙과 같은 결론이었다. 그녀는 이 사실을 학계에 알릴 것인가, 그냥 덮어둘 것인가를 놓고 고민했다. 왜냐하면 이런 침팬지의 폭력성과 잔인함이 알려지면 그와 유사하다고 여겨졌던 인간에게도 그런 어두운 모습이 있다는 것을 인정하는 꼴이기 때문이다. 무엇보다 수십 년간 챔팬지와 함께 생활하고 연구한 그녀에게는 커다란 타격이 올 것이 분명했다. 제인 구달은 며칠을 고민한 끝에 자신이 관찰해온 사실을 학계에 알렸다. 예상처럼 몇몇 학자가 거세게 반발했다.

"그건 단순한 사고야!"

"침팬지가 동족을 잡아먹는다는 사실을 들어본 적이 없다."

파장이 커지자 제인 구달이 반박에 나섰다. 몇몇 학자는 제인 구달이 침팬지 연구를 중단해야 한다고 압박해왔다. 하지만 그녀는 여기에 굴하지 않고 연구를 계속했다. 더욱 심각한 것은 다른 학자의 무분별한 침팬지 포획이었다. 그들은 연구한다는 명분으로 숲으로 들어가 무분별하게 침팬지를 포획하고 자신의 나라로 데려갔다. 이제 침팬지는 인간에 의해 실험 도구로 이용되다 버려지고 인간에 의해 살 곳을 잃어가고 있었다.

'이러다가 침팬지가 더는 살아남을 수 없을 거야. 내 연구도 중단될 거야. 이건 내가 바라던 생각이 아니야.'

제인에게 침팬지는 인생의 전부였다. 키 180센티미터의 늘씬한 미인인 그녀는 여러 남자에게 구애를 받았지만 평생을 함께할 동반자는 없었다. 사랑에 빠질 때마다 번번이 상처를 입었다. 그녀의 애정과 사랑을 저버리지 않는 것은 오직 침팬지뿐이었다. 원주민이 제인에게 붙여준 이름은 '으니라마차벨리' Nyiramachabeli 였는데 그건 '산에서 남자 없이 혼자 사는 늙은 여자'라는 뜻이었다.

'나라도 나서서 막아야 해.'

그날부터 제인 구달은 환경운동에 뛰어들었다. 제인은 지금도 1년에 300일 이상을 전 세계를 돌며 '생명을 사랑하라!'는 메시지가 담긴 '생명사랑 십계명'을 전파하고 다닌다.

"인간이 품성을 지닌 유일한 동물이 아니라는 것, 합리적 사고와 문제해결을 할 줄 아는 유일한 동물이 아니라는 것, 기쁨과 절망을 경험할 수 있는 유일한 동물이 아니라는 것, 무엇보다도 육체적으로뿐만 아니라 심리적으로도 고통을 아는 유일한 동물이 아니라는 것을 받아들인다면 우리는 덜 오만해질 수 있습니다."

그리고 이런 말도 남겼다.

"모든 개인은 중요합니다. 모든 개인은 자신의 역할이 있습니다. 모든 개인은 변화를 가져올 수 있습니다. 결코 잊지 마세요. 우리에게는 세상의 짐이 되지 않고 자신에게 주어진 재능을 활용해 세상을 더욱 좋은 곳으로 만들 수 있는 권리가 있습니다."

 포기하지 않으면 인생은 당신 편이다

1941년 영국의 해로스쿨을 방문한 처칠은 이렇게 말한다.

"절대로 포기하지 마라. 큰일이든 작은 일이든, 아무리 중요하거나 아무리 하찮은 일이라도 절대로 포기하지 마라. 명예롭거나 현명한 판단이 아니라면 절대로 포기하지 마라. 상대의 힘에 눌려 포기하지 마라. 상대가 아무리 압도적으로 우세한 힘을 가졌더라도 절대로 포기하지 마라."

그리고 7년 후인 옥스퍼드 대학 졸업식에서 비슷한 말을 한다.

"저의 성공비결은 단 세 가지입니다. 절대 포기하지 마라. 절대, 절대로 포기하지 마라. 절대, 절대, 절대로 포기하지 마라!"

처칠이 '절대로 포기하지 마라'고 강조한 것은 힘들고 지친 상황에 놓여 있을 때 인간이 가장 쉽게 선택할 수 있는 것이 포기이기 때문이다. 이 지점이 바로 평범한 사람과 비범한 사람을 구분 짓는 갈림길이다. 꼭 기억해야 할 것은 가능하다고 생각하든 불가능하다고 생각하든 당신의 생각이 옳다는 것이다. 포기하지 마라. 저 모퉁이만 돌면 희망이 기다리고 있을지도 모른다.

생각대로 살지 않으면
사는 대로 생각하게 된다 2

1판	1쇄 발행	2012년	11월 21일
1판	22쇄 발행	2016년	4월 27일
2판	1쇄 인쇄	2016년	7월 10일
2판	1쇄 발행	2016년	7월 17일

지은이 은지성
발행인 허윤형
펴낸곳 황소북스
주소 서울 마포구 동교동 159-6번지 파라다이스텔 506호
전화 02 334 0173 **팩스** 02 334 0174
홈페이지 www.hwangsobooks.co.kr
블로그 http://blog.naver.com/hwangsobooks
커뮤니티 http://cafe.naver.com/hwangsobooks
트위터 @hwangsobooks
등록 2009년 3월 20일(신고번호 제 313-2009-54호)

ISBN 978-89-97092-42-0(14320)
ISBN 978-89-97092-40-6(세트)

ⓒ 2016 은지성

* 이 책은 황소북스가 저작권자와의 계약에 따라 발행한 것이므로
  본사의 서면 허락 없이는 어떠한 형태나 수단으로도 이 책의 내용을 이용하지 못합니다.
* 잘못된 책은 구입하신 서점에서 바꾸어 드립니다.
* 책값은 뒤표지에 있습니다.

독자 여러분의 꿈과 행복을 응원하는 황소북스의 책

인생에서 가장 소중한 것은 고수에게 훔쳐라
이도준 지음 | 232쪽 | 값 13,800원

인생 고수들에게 배우는 16가지 삶의 지혜

이 책은 가브리엘 샤넬, 마사 그레이엄, 앤더슨 쿠퍼, 리자청, 서머셋 모옴, 박태준 등 위대한 인물들의 삶의 지혜를 통해 꿈을 만드는 방법, 질문력, 정리정돈, 자신감, 유머, 근검절약, 설득력, 창조력, 부지런함, 자기확신, 배려심, 심플한 인생법 등 무형의 자산을 훔칠 기회를 제공한다.

직관의 힘
은지성 지음 | 256쪽 | 값 13,800원

내 안에 숨은 1%를 깨우는 마법의 힘

"당신의 마음과 직관을 따를 용기를 가져라"는 말을 남긴 스티브 잡스에서부터 아인슈타인, 레이 크록, 에디슨, 리처드 브랜슨, 링컨, 찰리 채플린, 이작 펄만 등 자신의 직관대로 산 위인들의 가슴 쩡하고 감동적인 이야기가 실려 있다.

생각대로 살지 않으면 사는 대로 생각하게 된다(세트)
은지성 지음 | 696쪽 | 값 25,000원

생각대로 살 것인가, 사는 대로 생각할 것인가?

색다른 자기계발서라는 평가를 받으며 30만 부의 판매고를 기록한 《생각대로~》시리즈의 특별 보급판 세트. 어려운 환경과 역경 속에서도 신념과 의지를 잃지 않고 자신이 세운 목표를 향해 달려가 마침내 꿈을 이룬 이들의 감동적인 인생 이야기가 펼쳐진다.

오늘은 당신의 남은 인생의 첫날이다
은지성 지음 | 232쪽 | 값 13,800원

잠시 잊고 지낸 하루의 소중함을 일깨워주는 책

이 책은 어려운 역경과 고난을 딛고 자신만의 삶을 일군 사람들의 가슴 쩡한 인생 이야기이다. 시간을 천금같이 여기고 하루를 목숨처럼 여긴 사람들의 이야기를 통해 바쁜 일상 속에서 잠시 잊고 지낸 오늘의 소중함을 되새겨볼 수 있게 한다.

꿈을 이루기에 너무 늦은 나이란 없다
이형진 지음 | 232쪽 | 값 13,800원

꿈을 잊고 살아가는 3040세대에게 전하는 감동의 메시지
이 책은 나이를 잊고 꿈에 도전한 이들의 감동적인 인생 이야기를 담았다. 이 책의 메시지는 단순하다. 무엇인가 큰일을 성취하려고 한다면 나이를 먹어도 청년이 되어야 한다는 것이다. 왜냐하면 꿈을 이루기에 너무 늦은 나이란 없기 때문이다.

언품(言品)
이기주(전 대통령 스피치 라이터) 지음 | 256쪽 | 값 13,800원

적도 내 편으로 만드는 리더들의 25가지 대화법
말을 의미하는 한자 '언(言)'에는 묘한 뜻이 숨어 있다. 두 번(二) 생각한 뒤에 입(口)을 열어야 비로소 말(言)이 된다는 것이다. 사람에게는 인품이 있듯 말에도 품격이 있다. 그게 바로 이 책의 제목이기도 한 '언품(言品)'의 의미이자 이 책이 말하고자 하는 핵심어다.

적도 내 편으로 만드는 대화법
이기주(전 대통령 스피치 라이터) 지음 | 256쪽 | 값 12,800원

다투지 않고 상대의 마음을 얻는 49가지 대화의 기술
백 명의 친구를 사귀는 것보다 한 명의 적을 만들지 마라. 우리는 부모, 자식, 동료, 상사, 부하, 고객, 친구 등 헤아릴 수 없는 관계들로 둘러쌓여 있다. 이 책은 사람들과 새로운 관계를 맺고, 오랫동안 좋은 관계로 유지할 때 꼭 필요한 대화의 방법과 요령에 대해 알려줄 것이다.

새우잠을 자더라도 고래꿈을 꾸어라
김선재 지음 | 224쪽 | 값 13,800원 문화체육관광부 우수교양도서

문화부 우수교양 선정도서

꿈을 향해 달려가는 이에게 전하는 49가지 감동 메시지
당신의 꿈의 크기가 바로 당신 인생의 크기이다. 이 책의 메시지는 단순하다. 꿈을 가지되 되도록 크게 가지라는 것이다. 크고 원대한 꿈은 생각도 행동도 크게 만든다. 꿈이 크면 그만큼 크게 될 수 있는 확률이 높다. 작은 꿈을 가슴에 품지 마라. 고래는 결코 어항 속에서 살 수 없다.